江户一日

[日] 善养寺进 文/图　日本江户人文研究会 编　袁秀敏 译

北京联合出版公司
Beijing United Publishing Co.,Ltd.

前言

我是在上野善养寺镇开租书屋的善右卫门。

在《江户一日》中担任您的向导。

本书旨在让人们通过绘画了解江户生活，共由七个主题构成。

①《江户的城市》，从“江户城”开始，到游览胜地“王子”。介绍的这十六个地方，可以一览江户的全貌。

②《武家的装束》，具有代表性的武士正装，以及奥勤（内勤侍者）的装束。

③《御役人和刑罚》，介绍了“寺院和神社奉行”“城市奉行”“火付盗贼改”。各种与力、同心的打扮和“拷问”“处刑”，还有武士的生命——刀的特征等。

④《庶民的和服与工具》，介绍庶民的风俗、庶民代表性的穿着和化妆工具，以及店铺里的工具。

⑤《庶民的生计》，描绘了二百七十种庶民的职业。除此之外，还有被称为家仆的颇具代表性的职业。女性家仆又叫女中，原本是“在宫中工作的女性”的意思，也被武家和庶民沿用了。下女，是做厨房工作或打杂的，除了打扫卫生之外，不会进入客厅。如果是男性，则被称作下男，也叫“男仆”。若党、中间、足轻、小者……都是在武

家供职的人。

⑥《江户三火消》,介绍了江户三大消防组织的消防队旗和半缠等。町火消伊吕波四十八组和本所深川十六组都有详细介绍，故事中登场的消防组织无一遗漏。另外，从武家的“定火消”“大名火消”，到著名的“加贺火消”和附属于官府的十二家火消，都会有相关介绍。描绘如此详尽的图画真是不多见，所以请细细阅读。

⑦《异国》，介绍的是江户时代的人看过的书籍中，外国的船和外国人的样子。

多数的绘画源自江户时代的书籍或彩色“浮世绘”版画。这次，绘制了一些人物众多的场景的图画，比如“大名行列”“日本桥大道”等。

为了让他们看上去活灵活现，我一边饶有趣味地想象着他们每个人的名字、性格、今天吃了什么……诸如此类的事情，一边画了下来。比起历史小说，我想这更能让人们感受到城市中的喧闹、人们的一举一动。

今天玩转江户时尚

话说回来，对江户文化的欣赏，如果只停留在了解上，那就太浪费啦。比如，本书中登场的大多数男性庶民劳动者，都会将衣服后摆掖起来。衣服的下摆缠到腿脚，很不方便，还会把和服弄破。他们即使在冬天，也都将和服后摆掖起来。到了江户中期，庶民开始穿日式细筒裤和缝有被称作“丼”的口袋的围裙以及内衣（衬衣）。细筒裤是贴腿紧身的棉布裤子。正如下图中所示，形状有点不可思议。消防员穿的肥肥大大的裤子被称作渔网裤（パッチ），用绉绸或绢制成。

诸如此类，就算在如今，如果能很好地加以运用，依然是非常漂亮的。当然不适合外出穿，但在工作或游玩时穿上不是很好吗？比如，掖起夏季浴衣的后摆，但不穿日式细筒裤或渔网裤，短裤或西裤也是很帅气的。掖起来就不容易走形，所以会很轻松。

女性的话，可以向您介绍发型的美。江户时代是女性发型华丽变化的时期，这之前都是普通的发辫，江户时期，顶髻成为主流，源自胜山、岛田、兵库等地的鸥髱、灯笼鬓等流行起来。随之也带来了服装的变化，如去掉了和服的领子等。这其中，一直未变的，是演绎个性的刘海儿。如下图所示，女人们为刘海儿的梳法倾注了很多心血，从而展示出属于自己的美丽。

今天，我们在欣赏和体验和服时，也会非常重视发型，单是刘海儿的造型，就能带来江户范儿，平添许多妩媚，所以，请一定要试一试。在做刘海儿的造型时，可以使用江户时尚必备品——梳子和簪子，对和服体验的范围又拓宽了。

就像这样，在今天的生活中唤醒江户的智慧和时尚，也是趣事一桩。

江户知识的活用②

历代将军年表

庆长五年 1600 关原之战	庆长六年 1601	庆长七年 1602	庆长八年 1603 初代・家康	庆长九年 1604	庆长十年 1605 二代・秀忠
庆长十八年 1613	庆长十九年 1614 大坂冬之阵	元和元年 1615 大坂夏之阵	元和二年 1616 ★	元和三年 1617 旧吉原认可	元和四年 1618
宽永三年 1626	宽永四年 1627	宽永五年 1628 [illegible]	宽永六年 1629	宽永七年 1630	宽永八年 1631
宽永十六年 1639 抵制葡萄牙	宽永十七年 1640	宽永十八年 1641	宽永十九年 1642	宽永二十年 1643	正保元年 1644
承应元年 1652	承应二年 1653	承应三年 1654 玉川上水引水道完成	明历元年 1655	明历二年 1656	明历三年 1657 明历大火
宽文五年 1665	宽文六年 1666	宽文七年 1667	宽文八年 1668	宽文九年 1669	宽文十年 1670
延宝六年 1678	延宝七年 1679	延宝八年 1680 ★ 五代・纲吉	天和元年 1681	天和二年 1682 天和大火	天和三年 1683
元禄四年 1691	元禄五年 1692	元禄六年 1693 架设新大桥	元禄七年 1694	元禄八年 1695	元禄九年 1696
宝永元年 1704	宝永二年 1705	宝永三年 1706	宝永四年 1707 富士山喷发	宝永五年 1708	宝永六年 1709 ★ 六代・家宣
享保二年 1717	享保三年 1718 设立町火消	享保四年 1719	享保五年 1720	享保六年 1721	享保七年 1722
享保十五年 1730	享保十六年 1731	享保十七年 1732	享保十八年 1733	享保十九年 1734	享保二十年 1735
宽保三年 1743	延享元年 1744	延享二年 1745 九代・家重	延享三年 1746	延享四年 1747	宽延元年 1748
宝历六年 1756	宝历七年 1757	宝历八年 1758	宝历九年 1759	宝历十年 1760 十代・家治	宝历十一年 1761 ★
明和六年 1769	明和七年 1770	明和八年 1771	安永元年 1772 明和大火	安永二年 1773	安永三年 1774 架设吾妻桥
天明二年 1782	天明三年 1783 浅间山喷发	天明四年 1784 天明大饥荒恶化	天明五年 1785	天明六年 1786 ★	天明七年 1787 十一代・家齐
宽政七年 1795	宽政八年 1796	宽政九年 1797	宽政十年 1798 曲艺场受欢迎	宽政十一年 1799	宽政十二年 1800
文化五年 1808	文化六年 1809	文化七年 1810	文化八年 1811	文化九年 1812	文化十年 1813
文政四年 1821	文政五年 1822	文政六年 1823	文政七年 1824	文政八年 1825 异国船驱逐令	文政九年 1826
天保五年 1834	天保六年 1835	天保七年 1836	天保八年 1837 十二代・家庆	天保九年 1838	天保十年 1839
弘化四年 1847	嘉永元年 1848	嘉永二年 1849	嘉永三年 1850	嘉永四年 1851 中浜万次郎回国	嘉永五年 1852 翌年・佩里来港
万延元年 1860 樱田门外之变	文久元年 1861	文久二年 1862	文久三年 1863	元治元年 1864 征伐长州	庆应元年 1865

庆长十一年 1606	庆长十二年 1607	庆长十三年 1608	庆长十四年 1609 荷兰船入港	庆长十五年 1610	庆长十六年 1611	庆长十七年 1612 禁教令
元和五年 1619	元和六年 1620	元和七年 1621	元和八年 1622	元和九年 1623 三代·家光	宽永元年 1624	宽永二年 1625
宽永九年 1632★	宽永十年 1633	宽永十一年 1634 发行宽永通宝	宽永十二年 1635 锁国令	宽永十三年 1636	宽永十四年 1637 岛原天草之乱	宽永十五年 1638
正保二年 1645	正保三年 1646	正保四年 1647	庆安元年 1648 禁止庶民带刀	庆安二年 1649	庆安三年 1650	庆安四年 1651★ 四代·家纲
万治元年 1658 设立定火消	万治二年 1659 架设两国桥	万治三年 1660	宽文元年 1661	宽文二年 1662	宽文三年 1663	宽文四年 1664
宽文十一年 1671 伊达骚乱	宽文十二年 1672	延宝元年 1673 三越开店	延宝二年 1674	延宝三年 1675	延宝四年 1676	延宝五年 1677
贞享元年 1684	贞享二年 1685	贞享三年 1686	贞享四年 1687	元禄元年 1688 生类怜悯令	元禄二年 1689	元禄三年 1690
元禄十年 1697	元禄十一年 1698 架设永代桥	元禄十二年 1699	元禄十三年 1700	元禄十四年 1701	元禄十五年 1702 赤穗浪人袭击	元禄十六年 1703
宝永七年 1710	正德元年 1711	正德二年 1712★	正德三年 1713 七代·家继	正德四年 1714 江岛生岛事件	正德五年 1715	享保元年 1716★ 八代·吉宗
享保八年 1723	享保九年 1724	享保十年 1725	享保十一年 1726	享保十二年 1727	享保十三年 1728	享保十四年 1729
元文元年 1736	元文二年 1737 开发飞鸟山公园	元文三年 1738	元文四年 1739	元文五年 1740	宽保元年 1741	宽保二年 1742
宽延二年 1749	宽延三年 1750	宝历元年 1751★	宝历二年 1752	宝历三年 1753	宝历四年 1754	宝历五年 1755
宝历十二年 1762	宝历十三年 1763	明和元年 1764	明和二年 1765	明和三年 1766	明和四年 1767	明和五年 1768
安永四年 1775	安永五年 1776	安永六年 1777	安永七年 1778	安永八年 1779	安永九年 1780	天明元年 1781 大相扑受欢迎
天明八年 1788	宽政元年 1789	宽政二年 1790	宽政三年 1791	宽政四年 1792	宽政五年 1793	宽政六年 1794
享和元年 1801	享和二年 1802	享和三年 1803 八百善受欢迎	文化元年 1804	文化二年 1805	文化三年 1806	文化四年 1807 永代桥坍塌
文化十一年 1814	文化十二年 1815	文化十三年 1816	文化十四年 1817	文政元年 1818	文政二年 1819	文政三年 1820
文政十年 1827	文政十一年 1828	文政十二年 1829	天保元年 1830	天保二年 1831	天保三年 1832 鼠小僧被捕	天保四年 1833 天保饥荒
天保十一年 1840	天保十二年 1841★	天保十三年 1842	天保十四年 1843	弘化元年 1844	弘化二年 1845	弘化三年 1846
嘉永六年 1853★ 十三代·家定	安政元年 1854	安政二年 1855 安政大地震	安政三年 1856	安政四年 1857 翌年·安政大狱	安政五年 1858★ 十四代·家茂	安政六年 1859
庆应二年 1866★ 十五代·庆喜	庆应三年 1867 大政奉还	明治元年 1868 五条御誓文	明治二年 1869 戊辰战争结束	明治四年 1871 废藩置县	明治十年 1877 西南战争结束	明治十八年 1885 内阁

★卒年

源自内藤赖卿公初入行列图

大名行列

因参勤交代的缘故，很多人和货币在全日本范围内转移，情报和文化定期传播到各地。另外，街道也被修整得更加便利。

图中是新宿一带，幕府奏者番的高远藩·内藤家三万三千石的队伍，甲州街道的藩主——赖卿初入（第一次进入领国）的样子。描绘的人物中，算上乘轿子的人和马夫，多达三百六十五名。

顺便说一下，大名大多都是出生于江户。

持长矛者
书役（书办）
公共厕所
持长刀者
御物头
御牵马
道中奉行

衣服箱子
小纳户衣柜
刀鞘
茶便当箱
用鸟羽毛装饰的仪仗长矛
大名目付
御医师
茶便当箱
御僧人

御大小筒
御徒组
御徒组头领
持长矛者
厩目付
御先马
火枪队
排头
明荷

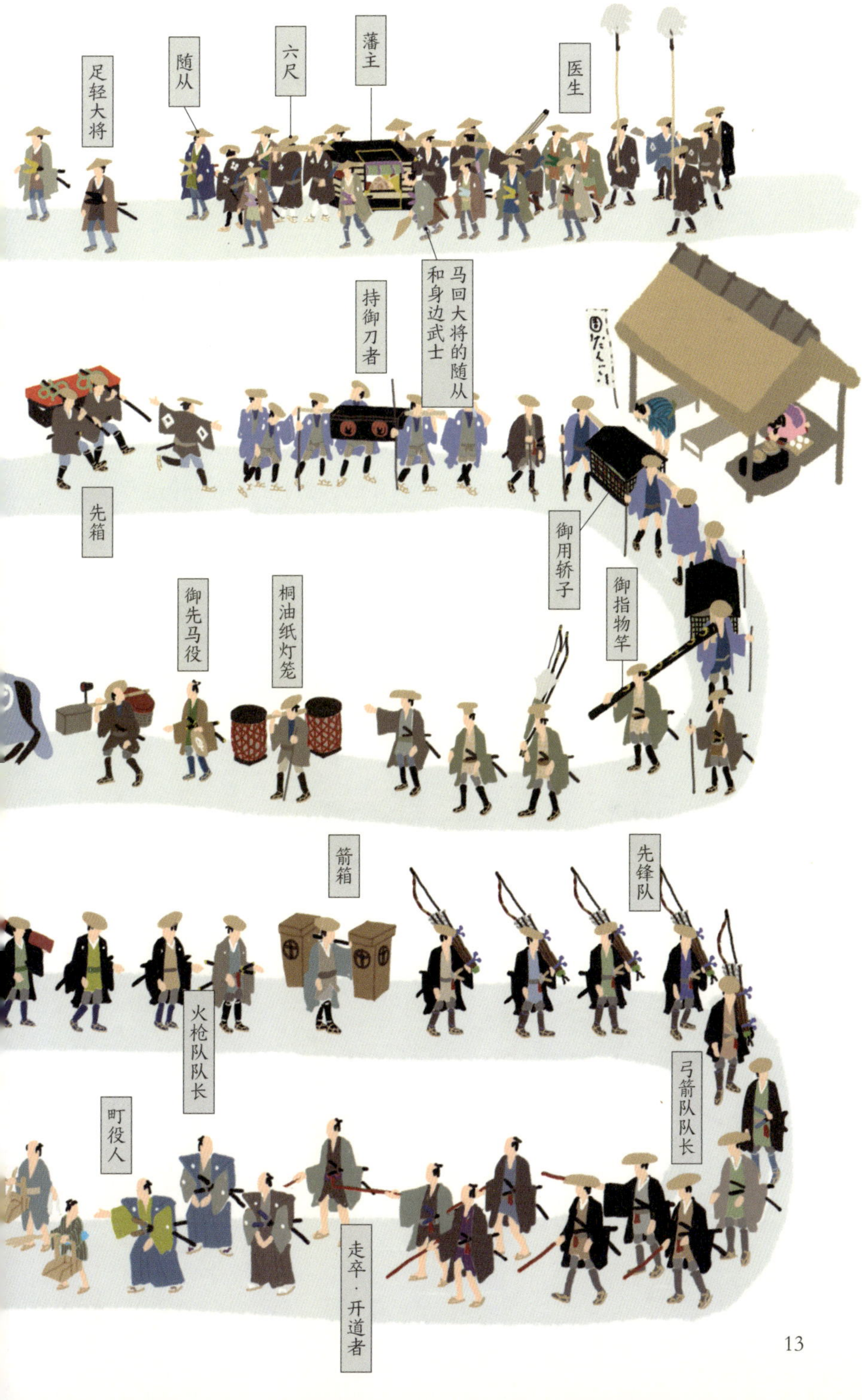
足轻大将
随从
六尺
藩主
医生
马回大将的随从和身边武士
持御刀者
先箱
御用轿子
御指物竿
御先马役
桐油纸灯笼
箭箱
先锋队
火枪队队长
弓箭队队长
町役人
走卒·开道者

五街道和航路

江户的大买卖，是各国之间的物产贸易。因此，街道和航路的发展必不可少。

下图是江户幕府修建的五街道和海运枢纽间的主要航线图。“奥州街道”和“日光街道”直到宇都宫都是同一条道路，是前往陆奥·出羽和日光东照宫的街道。另外的三条街道是连接京都的道路，“东海道”是最重要的一条街道，途中有很多大河川，每逢降大雨，就会封河（禁止渡河）。“中山道”途中多山，但不需要跨越河川。“甲州街道”

樽回船

连接大坂和江户的物流船。各幕府对船只大小和帆的数量都有所限制。

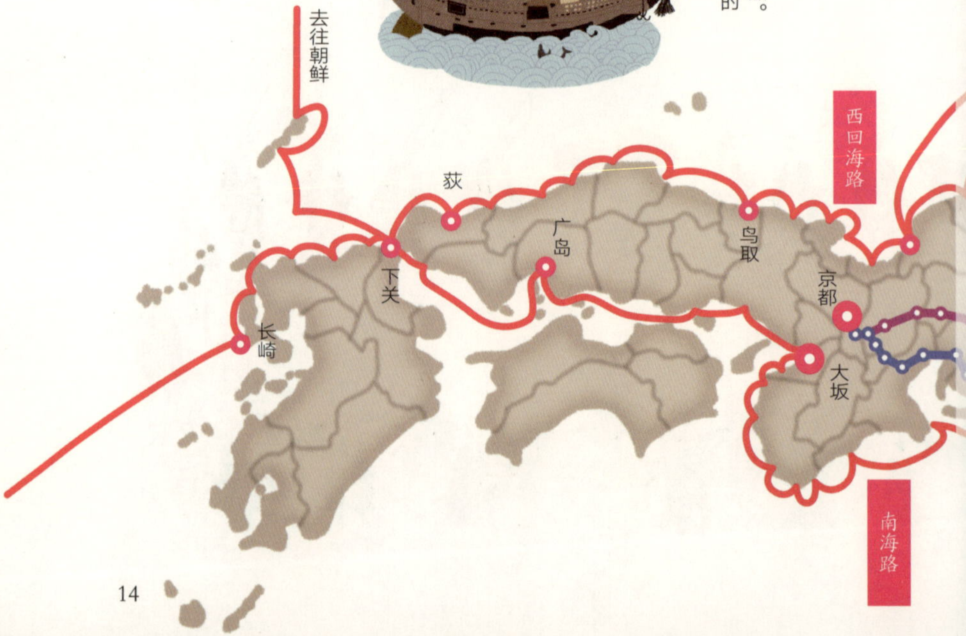

是为了在战时让将军从江户迅速撤回甲州而修建的道路。

大规模的商品运输主要通过海路进行。这些航线最初是江户建城时，各国大名为运输物资而开辟的。对于做生意的人，最重要的是“南海路”，使用的是桧垣回船和樽回船。“东回海路”和“西回海路”是将虾夷（北海道的古称）和日本海的物资运往江户、大坂的航路。西回的回船被称作“北前船”，经濑户内海至大坂、江户。这条航路，最早用于同琉球和东南亚的贸易。输出的物产有被称作俵物的干贝柱、干鲍鱼、煎海参，还有鱼翅、海带等海产品以及金银等。

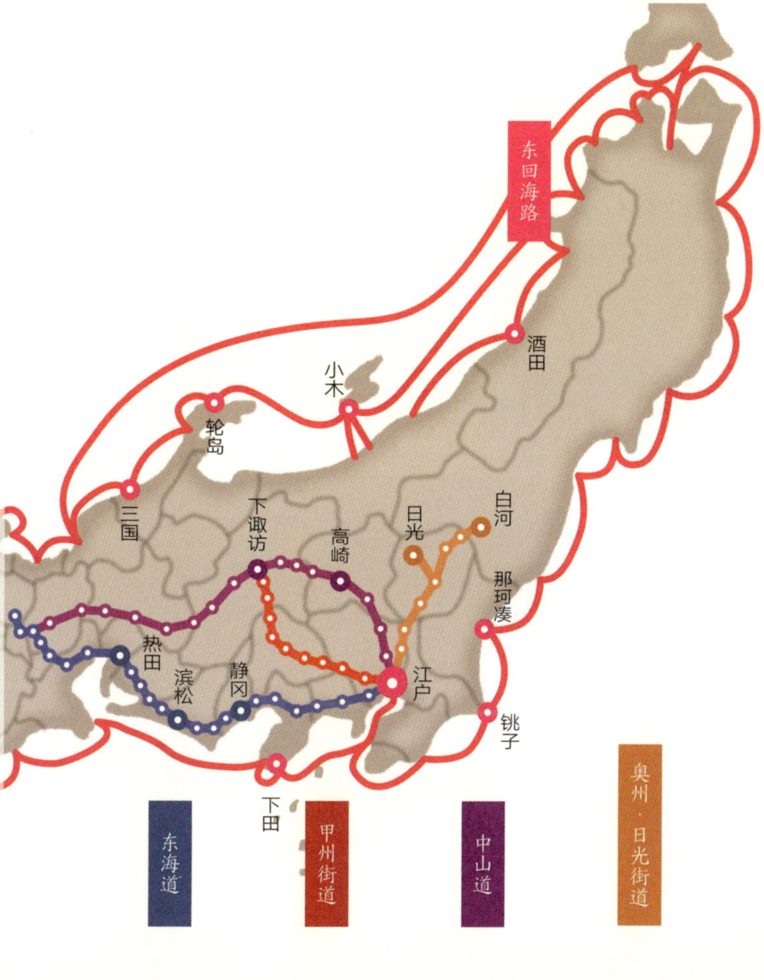

目录

前言…… 2

历代将军年表…… 6

大名行列…… 9

五街道和航路…… 14

江户的城市

江户城…… 24

御曲轮内…… 26

溜池…… 28

日本桥大道…… 30

日本桥…… 48

伊势町堀…… 50

采女之原…… 52

四谷大木户…… 54

镰仓町…… 56

吾妻桥…… 58

新吉原…… 60

灵岸岛…… 62

高轮大木户…… 65

麻布…… 66

御茶水…… 68

王子…… 70

武家的装束

武士的装束…… 72

女性的和服…… 76

奥勤的装束…… 78

御役人和刑罚

寺社方…… 80

町方…… 81

平时的町方…… 82

用刑和拷问…… 83

刑罚…… 84

押送…… 86

火附盗贼改方…… 87

太刀…… 88

其他武器…… 92

庶民的和服与工具

女性的和服…… 94

发饰和化妆工具…… 97

店家的和服…… 98

店里主要的工具…… 100

庶民的生计

赤蛙商人…… 102

牵牛花商人…… 102

浅蜊商人…… 102

卖油郎…… 103

甜酒商人…………………………103
卖糖人……………………………104
香鱼商人…………………………105
铸焊师……………………………105
筏 师 ……………………………105
居酒屋……………………………106
石 匠 ……………………………106
医 生 ……………………………107
市子………………………………108
一膳饭屋…………………………108
丝线商人…………………………109
打井师……………………………109
稻荷寿司饭商人…………………109
芋头商人…………………………110
沙丁鱼贩…………………………110
刻章师……………………………110
盆栽花木商人……………………111
打物屋……………………………111
团扇商人…………………………111
烤鳗鱼商人………………………112
漆匠………………………………112
游荡的船家………………………113
上绘师……………………………113
饵差………………………………114
绘双纸商人………………………114
毛豆商人…………………………114
越前屋……………………………115
绘马商人…………………………115
收购扇箱…………………………115
大家………………………………116
麻秆商人…………………………116
桶匠………………………………117
关东煮商人………………………117
情报贩子…………………………117
御用裁缝…………………………118
音乐老师…………………………118
阴阳师……………………………119
女发结……………………………119
傀儡师……………………………119
镜磨………………………………120
角兵卫狮子………………………120
催款人……………………………120
轿夫………………………………121
笼职人……………………………122
伞屋………………………………122
鎊职人……………………………123
贷本屋……………………………123
铁匠………………………………124
鲣鱼商……………………………124
瓦灯商……………………………125

芜菁和南瓜商…………………… 125
镰仓节的卖糖人……………… 125
炉灶师………………………… 126
买发人………………………… 126
纸屑商人……………………… 126
雷粔敉………………………… 127
梳发店………………………… 127
髢屋…………………………… 128
蚊帐商人……………………… 128
唐纸屋………………………… 128
卡拉卡拉……………………… 129
辛皮商………………………… 129
打靶木偶……………………… 129
花林糖商……………………… 130
烟丝商人……………………… 130
狐舞…………………………… 130
灸点所………………………… 131
经师屋………………………… 131
曲马…………………………… 131
曲屁…………………………… 132
布头贩子……………………… 132
金鱼商………………………… 132
金时豆商人…………………… 133
下糖商………………………… 133
芥子之助……………………… 133
换木屐齿……………………… 134
兽屋…………………………… 134
下马的贩子…………………… 134
悭贪屋………………………… 135
口中医者……………………… 135
肥取…………………………… 136
挎屋…………………………… 136
碎木贩子……………………… 136
板材师………………………… 137
小饰品店……………………… 137
捣米屋………………………… 137
历卖…………………………… 138
衣屋…………………………… 138
绀屋…………………………… 138
细见贩子……………………… 139
祭文语………………………… 139
肴卖…………………………… 140
左官…………………………… 140
卖酒人………………………… 141
街头抽奖人…………………… 141
卖缗人………………………… 141

砂糖屋……………………………… 142
盐屋………………………………… 142
地形师……………………………… 143
当铺………………………………… 143
卖蕨人……………………………… 144
涩卖………………………………… 144
缔鸟屋……………………………… 144
四文屋……………………………… 145
肥皂商……………………………… 145
十九文店铺………………………… 145
十七屋……………………………… 146
菖蒲刀商人………………………… 146
锁匠………………………………… 146
酱油商……………………………… 147
定齐商……………………………… 147
白玉商……………………………… 147
伸子屋……………………………… 148
西瓜切块儿………………………… 148
寿司商……………………………… 148
卖炭人……………………………… 149
修理雪驮…………………………… 149
线香突……………………………… 149
洗衣人……………………………… 150
船头………………………………… 150
足力………………………………… 151
杣人………………………………… 151
损料屋……………………………… 151
木匠………………………………… 152
萝卜商……………………………… 152
大福饼商人………………………… 152
建具师……………………………… 153
袜子铺……………………………… 153
卖蛋人……………………………… 153
酒桶搬运工………………………… 154
团子屋……………………………… 154
茶筅商……………………………… 154
仲条流……………………………… 155
纸蝴蝶贩子………………………… 155
赁粉切……………………………… 156
柄卷师……………………………… 156
街头平话人………………………… 156
街头八卦…………………………… 157
手游屋……………………………… 157
田乐屋……………………………… 157
天妇罗……………………………… 158
唐人饴……………………………… 158
灯芯商……………………………… 159
豆腐店……………………………… 159
十八五文…………………………… 159
研屋………………………………… 160

心太商…………………………… 160
废铁收购………………………… 160
鸢………………………………… 161
接生婆…………………………… 161
鸟屋……………………………… 161
卖菜人…………………………… 162
秧苗商…………………………… 162
中卖……………………………… 162
纳豆商…………………………… 163
七香粉商人……………………… 163
煮卖家…………………………… 163
涂师……………………………… 164
家猫除蚤师……………………… 164
鼠药商…………………………… 164
浆衣糊商人……………………… 165
炉灰收购人……………………… 165
梯子商…………………………… 165
旅笼屋…………………………… 166
牙粉商…………………………… 167
早桶屋…………………………… 167
针屋……………………………… 167
半襟屋…………………………… 168
打火镰商人……………………… 168
稗莳商…………………………… 168
佛师屋…………………………… 169
船宿……………………………… 169
麸屋……………………………… 170
古着屋…………………………… 170
红屋……………………………… 170
扫帚商…………………………… 171
放生屋…………………………… 171
棒屋……………………………… 171
焙烙商…………………………… 172
描金画师………………………… 172
卖柴人…………………………… 172
曲物屋…………………………… 173
缠师……………………………… 173
回发结…………………………… 173
万岁……………………………… 174
酒壶饰纸商人…………………… 174
卖水人…………………………… 174
水果商人………………………… 175
水茶屋…………………………… 175
掏耳人…………………………… 176
麦汤店…………………………… 176
虫商人…………………………… 176
眼镜商…………………………… 177

女笔指南…… 177
文字烧商人…… 177
捋元结…… 178
棉布商…… 178
烤地瓜商人…… 178
烧继师…… 179
汤屋…… 179
杨枝屋…… 180
罗宇屋…… 180
钱庄…… 180

江户三火消

火消…… 182
町火消和灭火工具…… 183
町火消配置图…… 185
町火消六十四组…… 186
　一番组…… 186
　二番组…… 188
　三番组…… 190
　五番组…… 192
　六番组…… 194
　八番组…… 196
　九番组…… 198
　十番组…… 200
　南组…… 202
　中组…… 204
　北组…… 206
定火消…… 208
大名火消…… 210

异国

朱印船贸易航路…… 214
异国…… 215
外国人…… 216

参考文献…… 220

江户的城市

江户时代有大量风景画，书和锦绘尤其受欢迎。这其中很多都是从高空中看到的城市风景，这种绘图被称作『鸟瞰图』。当然，它们并不是在乘坐飞机或气球等飞行物的时候素描而成的，而是画师凭想象画出来的。何人会买这些画？参勤交代的大名的随行武士，或因商务等原因从地方到访江户的人，会买这些画作当成纪念品。一边介绍礼物，一边描述江户的繁华和雄伟，是何等喜悦。

这里介绍的画，主要以长谷川雪旦绘制的『江户名所图绘』为蓝本。从江户的中心地，到可以休闲娱乐的名胜，连同乐在其中的人们，一起生动地描绘了出来。

江户城

江户的中心是江户城，也被称作千代田城。这幅画是宽永（1624-1644 年）时期的江户城，雄壮的江户建筑大致完成时的状态。大的城楼只描绘了将军使用的本丸和二之丸附近，除此之外还有“西之丸”“三之丸”“吹上”和“北之丸”。也就是说，这只是城的中心部

分而已。在前面还有被称作“御曲轮内”的主要大名的宅邸街道，除此之外还有护城河。

中央耸立着五层的天守阁（本丸），其雄姿仅仅存在了 23 年。

明历三年（1657 年）发生的明历大火将其烧毁。天守阁作为城的象征，本应重建，但最后不了了之。原因也许是优先城市的复兴，又或许是没了经费预算，说法莫衷一是。

“奥”是将军的家族生活的宅邸，俗称大奥。“中奥”是将军平时居住的宅邸。“表”是处理政务的宅邸，相当于首相官邸。右手侧的“二之丸”是大名或钦差等拜见将军的府邸。

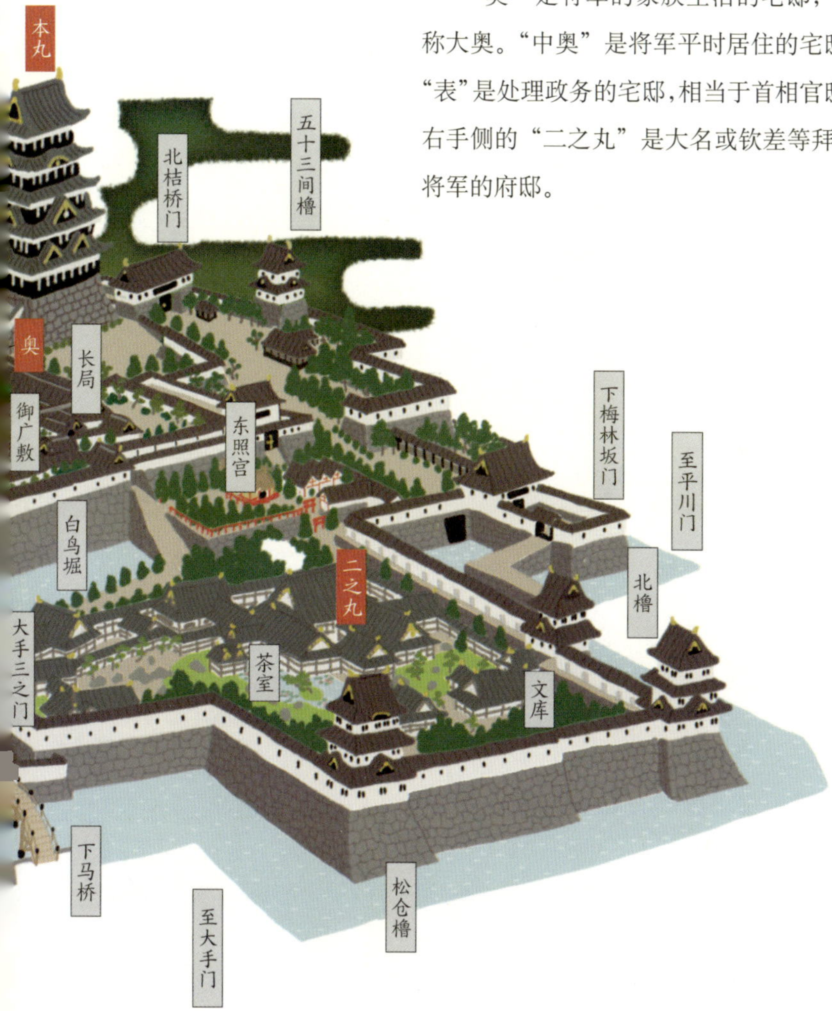

御曲轮内

半藏门
吹上
红叶山
西之丸
坂下门
表
中奥
樱田门
大手
露天凳
下马所
西之丸下
西御丸下
内樱田门
三之丸
大守门
老中
水野
和泉守
若年寄
立花
出云守
御徒
中所
丹波守
平冈
天沼玄蕃头
日比谷门
马场先门
八代洲河岸
和田藏门
辰之口
评定所
道三河岸
御徒中所
土井
大炊头
若年寄
远山
信浓守
牧野
中务守
大名小路
定火
消屋敷
松平阿波守
松平土佐守
若年寄
土歧山城守
松平
能登守
老中本多
美浓守
松平内藏头
老中
松平
伯耆守
北町
奉行
数寄屋桥门
锻冶桥门
辻番所
吴服桥门

江户城的护城河之内被称作御曲轮内。在御曲轮内东侧的大手前、西之丸下、大名小路，有分配给幕府重臣的宅邸。这张地图是以庆应元年（1865 年）绘制的一张图的局部为原型的。宅邸的所有者会因时代的变迁而改变。府邸的名号匾额朝向各异，是因为正门对着的字标示着府名。武家府邸悬挂名牌是被禁止的，因为府邸规模非常庞大，正面在哪是非常重要的情报。

这里面虽然并没有町人地，但有町奉行所，因此庶民也能够进出。南北两个奉行所，每月交替接受诉讼，没有轮到的那个月，就专心于判决和审议。

牢狱位于右下方长盘桥门外。

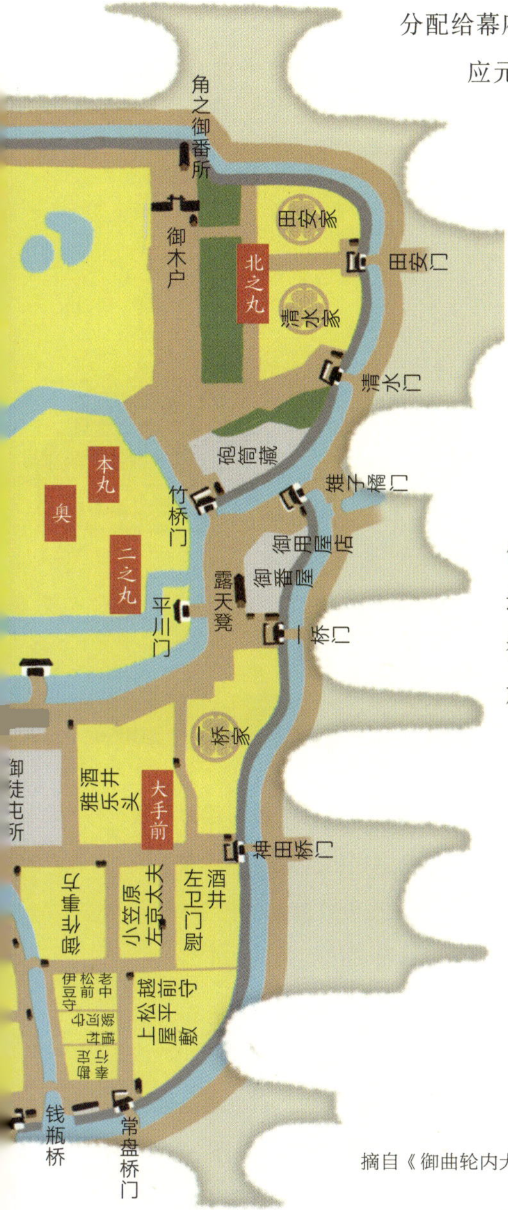

摘自《御曲轮内大名小路绘图》

溜池

这周围与日本桥周边比起来，冷清而寂寥。路人稀疏，路边摊或带棚的售货摊也几乎没有。江户的五成都是这样的武家府邸。和下町不同，无事之人若在此闲逛，会被街头的站岗人或府邸的门卫呵斥，因此很自然的，人流逐渐受到了限制。但这种静谧的风景，正是江户的特色之一。

本页图是从外护城河眺望溜池的风景。如今，霞之关大厦、特许厅等建筑排列成一条线，其周围的沟就成了外护城河。右手边是虎之门，护城河对面可以看到一座规模宏大的府邸，即是日向延冈藩主——内藤右近将监上屋敷。图中虎之门方向好像发生了火灾的样子，火消

众（消防员们）正赶往火情现场。因为有骑马的人，所以是定火消或三方火消等武家的消防组织。

源于周边响起的落水之声，堰堤（水坝）得到了一个爱称“溜池咚咚”。堰堤之上可以看见溜池，从这里到赤坂见附（东京都千代田区纪尾井町、平河町的地名，“江户城三十六见附”之一——译注）的视野非常宽阔。所谓溜池，就是蓄水池。但溜池的风景和今天的水坝或水库不同，类似野鸟飞舞的广袤湿地，饶有情趣。夜里非常寂静，因此有试刀杀人者（武士为试验刀剑锐钝或武术高低，夜晚站在街头杀人——译注）出没。

日本桥大道

说起江户第一繁华的街道，当属日本桥大道。绘制于文化二年（1805 年）的《历代胜览》的一部分，介绍了其中的景象。

这里是日本桥本町二丁目和室町三丁目的城门。从这里向左边前进，直到日本桥旁，就是这幅图（我们节选的部分）的主要内容。在图中没被截取到的部分，右前方一点有以“时钟”闻名的十轩店本石町。那里一遇到节日，就会排列起被称作十轩店的摊子，以及销售雏人偶（三

月三日女儿节陈列的人偶——译注)、武者人偶、毽球板等商品的集市。

继续向左走，就来到了上图之中。图的右端，大街上出现了“团子商人”，能看到缠着要买的小孩子。可能是附近的母子，也可能是临街店的孩子叫来了奶妈。旁边还有一位“捕饵者”，好像正在大街上捕捉被当成鹰的饵食的小麻雀。在兼有派出所功能的“自身番”，可以看到门前摆着逮捕用的三道具。漆器屋的店前有“漆匠”的身影。

临街店铺中，隔几间就有通向陋巷里大杂院的入口。一位巡回梳发人正准备进去。这里没有栅栏门，所以可能是通向厨房的入口。从旁边的小巷里出来的，大概是卖白薯的人。

这里可以看到类似木栅栏的屋檐，所以后面应该有大杂院。日本桥周边的胡同里的大杂院比较高级，有很多是面积较大的二层建筑。眼前的“四手轿子”，是四角用四根竹子做支柱的轿子。因为很轻便，没有生意的时候就一个人背着走。“灶除”是向火神祈祷的人。朝圣者

从对面来，领着孙子的爷爷、父母和孩子走在一起，还有貌似收折扇扇箱的人。能看到正月的风情，也能瞥见初春的风情，所以这幅画描绘的并不是特定的某一天，而是述说了一月到三月的风俗。

在“草笠形盔批发店”里，武士好像在谈买卖。可以看见一位中间在等待。有身份的武士，除非是私事，一般不会独自行走，一定要有若党或中间等跟随。

旁边是“账本批发店”。招牌上醒目地写着“大福账”，似乎主要

经营商家用的账本。

扛东西的人（搬运工）是前行女人的随从。虽然不明其身份，但她让那男人扛着的是涂了漆的长箱子。因为男人和服的衣襟掖了起来，若是中间，女子即出身武家；若是手艺人，则女子来自商家。旁边的“参拜金比罗”，是以代替人参拜为名目的买卖。后面的男人在售卖天狗的装饰。在大街中央，卖炭的人被像是店里伙计的人叫住了。“喂！刚才就叫你呢，怎么回事！”仿佛一边说着一边扯住了他。

城门是室町三丁目和二丁目的界限，右边是三丁目的木户番，左边是二丁目的自身番。

从十字路口一路延伸过来的大店，是三井越后屋。从业人员达千人，是当时世界上最大的店。招牌上写着“吴服物品等”和“现金交易，实价销售”。一般的吴服店，在节日的时候才催收价款，也就是允许赊账。赊账的价格比起付现金要高一些。越后屋以实价销售代替现金销售，以及“布匹零售”等新的商业方式，取得了惊人的成功。

走过三井越后屋，有个上绘师的店。因为在室町开店，所以非常有名。这前面热热闹闹地一边敲着钲鼓一边行走的女人们，正在化缘，为寺庙募集捐款。虽然不知道化缘的目的是为了修理寺庙还是建造佛像，但似乎很快乐。

上绘师的旁边是书店。“书物批发店”，并不经营绣像小说等娱乐物，而是经营算数、历史、汉诗、儒学等严肃题材书籍的店。

搬运物品的人中，和“长衣柜”同样惹眼的是搭了三角形帷幔、

由双人抬的“答谢礼物”。大的店铺鳞次栉比，正是日本桥独有的风景。左端可以看到推大板车的人。上面装载的是“行灯”等家具，好像是在搬家。答谢礼物和长衣柜都可以用车运，好像很轻松，但江户是填海而成的，道路容易受损，除了河岸周边等地方，基本上不怎么使用车辆。基于同样的理由，除了做刷洗工作的人，江户的男性平常是不穿木屐的。另外，桥也不是为车辆通行而建造的，所以搬运并没有想象中那么轻松。

如此密密麻麻的人家，人口多了，就会产生很多垃圾。当时是怎么处理的呢？答案是回收再利用。

粪尿的回收很有名。鱼店产生的生物垃圾当成肥料卖掉，废纸卖给收破烂的，金属卖给旧金属店，炉灶里的灰卖给“买灰人”，坏了的伞和木屐会被收回，就连路上丢落的纸屑也有捡破烂儿的人收拾走，然后再利用。扫除的灰尘和瓦的残片、沟里的泥等，也会用于道路的修补，或定期回收并用于填海。所以，真正被扔掉的垃圾意外地少。

图中出现了正在建造的店。“地形师”正在用圆木头打地基。店前面搬运来了建造房基用的石头。施工现场和现在一样围了挡板。

城门成了街头轿子候客的地方，轿夫正在向一位老年人招揽生意。因为街头轿子在候客区等客人是行规，所以从右面来的空轿子也朝着这个候客区走了过来。走过十字路口正中央的戴斗笠的女性是被称作“市子”的占卜师。在她前面，拿着献神用的币帛打鼓、吹笛子的一伙人，是向一家一家店铺奏乐讨要小费的乞讨者。

这回是穿过室町一丁目的城门。这里的自身番和30页的不同，没有放置三道具什么的。自身番有各种各样的设备，很多地方还配备了消防望楼。

自身番是城市中的警备事务所，主要用于维持治安和警戒火灾。临街店铺的店主和房主作为城市官吏，交替执勤，城市雇佣的管理人和看守昼夜守候。同时，定回同心会定期前来巡视，以确认是否有重要的事情。自身番还有办事处的功能。城市的人别帐（类似户口——译注）也归自身番管理，住民的结婚、迁出迁入的记录、放荡子的登

记等一并承办。

如果没有改过自新的可能，便从人别帐上将名字消除，这是断绝父子关系。但并非没有缓冲空间，也可以贴上签条“相当于断绝父子关系”，这被称作“帖签”。一旦发生什么事件，就立刻真正断绝关系。

因为是继承制，所以把店里的钱花超支了也没有什么好处，再加上商家老板的长女迎娶女婿后继承家产的也不少，所以金钱和家仆的信赖，对他们来说并不是什么了不起的事情。准女婿大多是从小时候就开始在店里锻炼的领班或二掌柜，或是从其他商家的优秀儿子中遴选。

有修理木桶的桶匠。他旁边的“六十六部”是行走在诸国六十六个地方的灵场（神社、寺院、坟墓等所在的神圣土地——译注）的朝圣者，这其中也有只是作此装扮，以骗取小钱的人。

“古金屋”做的是回收金属的买卖。钉子或金属用具、坏了的锅之类，像画中一样称重后买卖。买回来的金属卖给总回收站，然后再利用。

那家古金屋后面的店，销售马具和弓箭，所以是“小工具批发店”。

这里和草笠形盔批发店一样，主要经营参勤交代等使用的武家旅途用品。

有马的店是“味噌批发店”。用人力搬运太重了，所以味噌桶是用马来运送的。旁边是蔬菜店，大街上也有卖萝卜和白薯的小摊贩，可以看到提着秤卖东西的“青菜贩子”的身影。在菜店的前面有卖同样蔬菜的小摊贩，难道不会互相竞争吗？真是有趣。这就是“青菜市场”。旁边是设有鱼市的河岸，为了同时进货鱼和蔬菜，很多业者集聚于此。因为在街边售卖，日头一高蔬菜就容易变蔫儿，所以趁着清晨就卖完了。

“彩礼批发店”正在揭开华丽的看板。

店前在卖萝卜，更前方还有正在打群架的人。这并不是什么新奇的景象，毕竟“火灾和打架是江户的浮华”嘛。打架的应该是沿街叫卖的挑贩和町火消的伙伴们吧。还有调解劝架的人，也有跑来帮忙和助威的人。

江户打群架的鼻祖是江户初期旗本和町奴（非武士浪人）的对决。町奴们以“惩强扶弱”的侠义之气对抗依仗旗本身份的浪荡公子们的

暴行。与武士的刀不同，町奴用语言作为武器。自此，产生了以具有威势又诙谐的啖呵（连珠炮似的浪花调）为特色的江户词。

随着时代的变迁，打架的代表变成了“鸢”。“鸢”指的是町火消，不时会发生引起整个城市骚乱的大暴动。江户后期的武士大多是武家的公子，所以就连“鸢”也没有办法阻止。劝阻打架的人是“鸢”的首领。幕府末期，拥有三千部下，浅草“を组”名唤新门辰五郎的大统领也出场了。他手段强硬又深谙人情世故，无论是庶民还是武士都对其信赖有加，最后担任了德川庆喜将军的身边护卫。

接下来，这里是日本桥旁。河岸边的鱼市上，鱼贩正在买卖鱼。木户番小屋的木桶已堆积如山，可能是鱼贩们使用的。更前面，有用炭火烧烤鲇鱼的。江户的鲇鱼是从玉川捕捞的，被称作“鲇鱼商”的姑娘们连夜步行将其运了过来。正向这边走过来的轿子，由穿着成套半缠的轿夫抬着，所以是比街头轿子更高级的宿驾笼。旁边可以看到“虚无僧”的身影。虚无僧是半僧半俗的武士，他们被允许吹着尺八在全国游历修行。因此，惹了麻烦的亡命武士经常乔装成虚无僧。无

论怎么伪装，日常的行为举止还是能让人一眼看出是武士，所以比起乔装成庶民，乔装成虚无僧更难被怀疑。

在江户散步是怎样的感受呢？很热闹吧。不过这景象仅限于天气晴好的日子。一旦下雨，步行的人会大大减少。大部分的道路都没有铺装，风一吹，尘土飞扬，雨一下，各处就出现水坑。所以人们在大风天或雨天基本不出门，尤其是女性。

日本桥

日本桥是从江户出发的五街道的起点，它的两岸拥有江户首屈一指的街市，是重要的商业中心。旁边鱼市河岸上的鱼贩，是向江户城和大名府邸供给鱼类的极为重要的商人，作为报偿，幕府给予他们鱼类的经营权。鱼是用号称世界第一高速的押送船从江户湾的渔船收集来，又分给连接各口岸的平田船，最后陈列在各商店的货架上。也有自备鱼池的店。

武士吃的是白肉鱼，以鲷鱼、白鱼、香鱼和比目鱼为主。鲣鱼、青花鱼、秋刀鱼等是庶民吃的鱼。

日本桥
茶屋
平田船
寝室用品店
室町
有鱼市的河岸

有鱼市的河岸

伊势町堀

从日本桥沿鱼市河岸顺流而下，有一座江户桥。江户桥周边每月四日有“四日集市”，其热闹不输日本桥周边。在江户桥旁以L形延伸的运河被称作伊势町堀。这条运河的周围，商家仓库林立，和江户桥附近的感觉大为不同。

对面左手边是日本桥川，前面被称作“米河岸”，再向右走，运河拐弯的地方被称作“盐河岸”。米河岸，顾名思义，稻米仓库成排，

周围的稻米批发店一家挨着一家。然而，盐河岸并非是盐的批发市场，而是买卖鲣鱼干、海苔等干货的批发商店和仓库成排的地方。再向前，就是运河的尽头了。运河两岸并排的仓库延伸出了栈桥，从船上直接就能将商品存入或取出仓库。江户的物资运输主要靠船，除了山手之外，几乎所有的町都可以乘船到达。为了运输的便利，大名也大多将仓库修建在运河的沿岸。

来自日本全国的商品，大多是从拴在大河（隅田川）入海口的千石船重新装运到小船上，然后再运输的。

采女之原

走过从数寄屋桥宫门开始、横穿银座的新桥（现在的新桥是另外一座桥），就能看到采女之原马场。这幅画是从现在的歌舞伎座附近，向筑地本愿寺方向眺望的场景。

中央是马场，武士们在练习骑马。作为武士，骑马是“十八般武艺”之一，是被称作“骑射”的重要技能。因此，江户的许多地方都设置了兼具防火场地功能的马场，武士们定期在此练习。

但是，武士以外的人不允许骑乘马匹，所以学习骑马对庶民来说没有必要。大概就是出于这个原

因，马场周围的庶民看上去对马毫无兴趣，反而热衷享受戏剧、义太夫（即义太夫节，是江户时代前期，大坂的竹本义太夫创立的一种净琉璃）唱腔的乐曲。

马场另一面的宅子，似乎是松平和泉守或大久保加贺守的府邸。前面可以看见大名行列前行的场景。在江户城中，庶民不必因为大名行列通过而在道路上跪拜，只要将道路让开即可。

横跨运河的桥是万年桥。对面可以看到西本愿寺雄伟的建筑。

四谷大木户

这里是甲州街道进江户的入口,四谷大木户(城门)。起初有和“高轮大木户”(65 页)一样的大门,夜间不能通行,但在江户中期拆除后,就变得可以自由通行了。

看画的右手边,虽然大门拆掉了,看守人的小房子还留存着。从这儿到江户城,是笔直的高地道路,在道路尽头可以俯视江户城,所以看守非常严密。大门内侧排列着服部半藏率领的伊贺忍者的后裔和伊贺组织等的宅邸,向前穿过四谷城门就到了番町,将军的亲卫队大

番组的组屋敷林立于此。因服部家族的宅邸安置在江户城门前，所以这里被称作半藏门。

大城门的外侧由高远藩·内藤家族镇守。我们在“大名行列”的部分介绍过内藤家族。画的右侧后方的宅邸也属于内藤家族，就是现在的新宿御苑。宅子前面流淌的是润泽了江户约六成土地的“玉川上水”。虽然细水潺潺，但水源丰沛，长流不息。

镰仓町

江户人很喜欢流行，如果一家店成了话题，人们就会蜂拥而至。那样的店就是我们所说的流行店。

这里是神田镰仓町中的酒家丰岛屋。每年二月二十五日限定售卖的女儿节白酒非常受欢迎，所以这一天，来自江户城内外的购买者们人山人海，“不要挤”的吵嚷声此起彼伏。所以店门口的高台上站着消防员和医生，监视着是否发生骚乱或出现受伤的人。在通路的对面和店内堆积如山的是盛装白酒的提桶。

吾妻桥

最后一座横跨大河（隅田川）的桥。感觉有点土气，可能是因为这座桥并非幕府出品，而是民间捐资修建而成的吧。但是，在天明六年（1786 年）的大洪水中，幕府出资的永代桥、新大桥、两国桥都遭到了破坏，这座吾妻桥却毫发无伤，虽然不起眼却坚固异常。

幕府给这座桥取名“大川桥”，但百姓们还是叫它“吾妻桥”。或许因为这里是去往向岛的吾嬬神社的桥，又或许因为这座桥在江户东面等等，众说纷纭。虽然是民间集资的，但百姓要付二文钱的过桥费，

武士却可以免费。过河的船费也是二文钱，所以收取的费用其实并不算高。

不过，文化六年（1809 年）以后，就可以免费通过了。这种收费的桥被称作“钱取桥”，是收取桥梁建造资金的一种常见方式。

浅草是江户的边缘，因此可以眺望到远处广阔而恬静的田野风光。左边是花田户，今户桥附近是去往新吉原的入口，也是酒家林立的美食街。对岸的向岛上，有三围神社和百花园，是文人墨客喜爱的地方。在本所，密布着御家人的宅邸。说起“本所的御家人”，大多是嚣张跋扈的武家子弟，在江户人眼里臭名昭著。

新吉原

人形町一带的吉原，被迁移至浅草以北，是在明历大火那一年，也就是明历三年（1657 年）。那年正月的江户市几乎被夷为平地，但就在同年六月，新吉原以神一般的速度在浅草的田野拔地而起。从左至右横贯田亩的是“日本堤”。向左走是待乳山和猿若町的大河（隅田川）的河岸。去往新吉原，要乘坐猪牙舟来到待乳山，然后步行或

坐轿子，这是必经之路。因此在河堤之上，茶馆和“西瓜切块售卖”等街边商贩一家挨着一家，好不热闹。到了吉原的正面，是供客人们“整理衣襟”的“衣纹坂”。下了坡，右手是布告场，左手有“回头柳”（吉原花街出入口大门处的柳树。早上回去的客人，走到那儿经常会转身回顾——译注）。两侧茶屋林立，大家在这里饮酒应酬，享受游玩之乐。一般女性在平日里不能进入，但在樱花绽放时可以前来游赏。不过，这些樱花树只有开花的时节才移栽过来，待到秋天就种上了枫树。

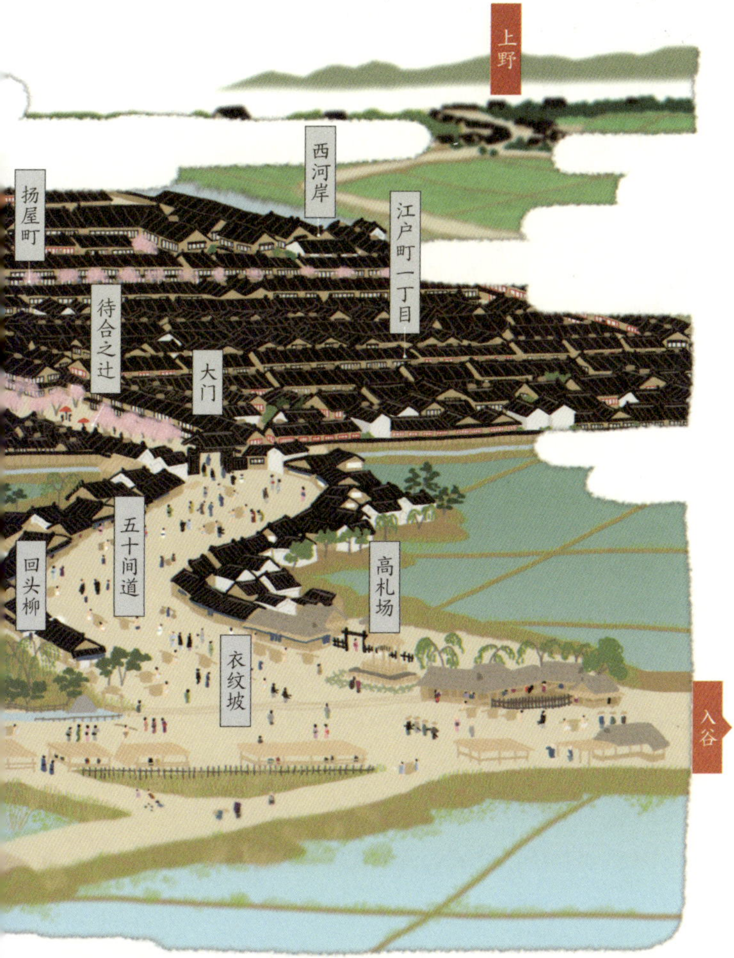

灵岸岛

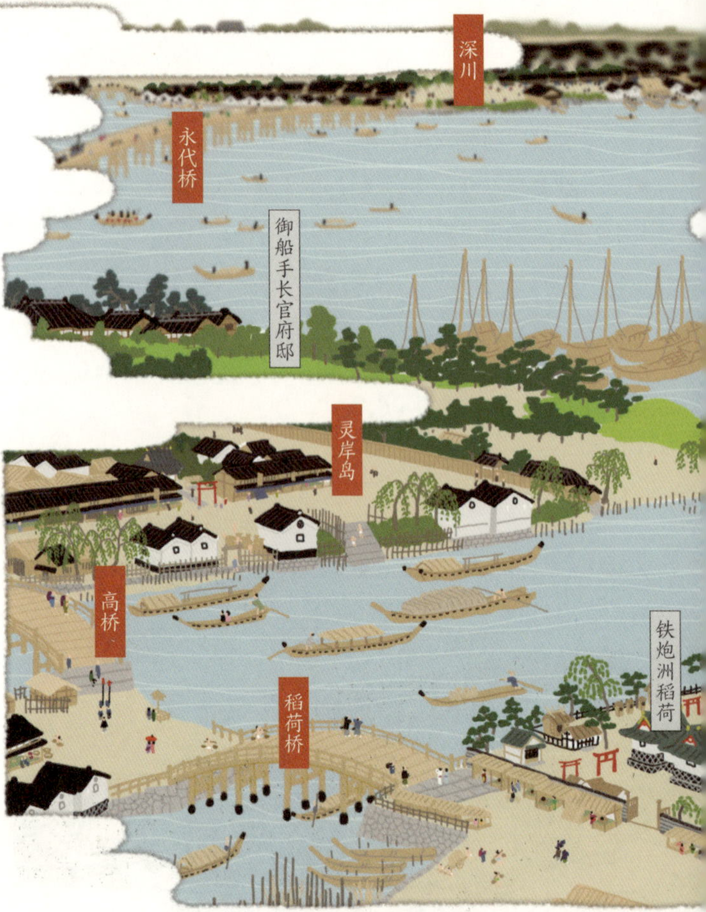

在大河（隅田川）的入口，从铁炮洲眺望石川岛、灵岸岛的风景。前面的神社是铁炮洲稻荷，里面有代表富士信仰的富士塚。稻荷的左边有座稻荷桥，它的对面是高桥，走过高桥就是灵岸岛。岛前方的墙壁对面，是御船手长官向井将监的府邸。这个官职由向井家代代世袭，和由各种各样的人来担任的町奉行不同。岛的尖端有“船番所”，监视着出入江户的船只和交通。另外，因犯罪而被判流放者，会在此逗留三日，和家人告别后，便被船送往八丈岛等地方。

图中远处可以看到永代桥，过了永代桥就是深川。在文化四年

(1807 年) 深川八幡的庙会时，永代桥因不堪蜂拥而来的群众的重量，发生了崩塌事故。除了渡桥人数太多，离河口近而容易受损应该也是原因之一吧。

右边海面上的岛是石川岛。宽政二年 (1790 年)，长谷川平藏为犯轻罪的人能改过自新，在此设置了“人足寄场”这一劳改设施。

料理茶屋
二楼提供酒和饭菜
府邸的厨师
渔师
府邸的跟班
店中的小女仆
旅行者
芝
马夫
街头揽客的轿子
仓库林立
高轮车町·养牛场
仓库
账房
牛棚
洗牛场
牛车

高轮大木户

这里是江户的东海道口，高轮大木户。这前面有第一驿站——品川。直到江户中期，图中右侧石砌城墙的中间还是有门的，从清晨卯时（日出三十分钟前）到日暮酉时（日落三十分钟前）大门会打开，监视着出入街道的人和物。大门关闭后就不得通行。

在品川沿海的街道眺望海上风光非常不错，所以沿街有很多料理店和茶屋，可以吃到刚捕获的海鲜，是美食爱好者的福地。另外，在品川海滩上赶海也颇具人气。

附近的车町被称作“牛町”，是饲养牛的场所。牛在江户市内很罕见，但在重物的运送、祭祀用的彩饰花车的拉拽等方面，牛是非常重要的牲畜。

麻布

这里是现在的麻布十番·一本松坡的三岔路口。江户初期被称作“首吊塚”，有为了治愈咳嗽而在这里供奉甜酒的信仰。麻布从室町时代就已经有了街道，但在此建造武家府邸，是明历大火之后的事情了。麻布的街道和江户市内不同，非常宁静。民房是茅草修葺的，牛车用来运送装米用的草袋，道路上的行人一身旅行装束，女性的发型也和市内有所不同。

前方的山丘没有连着运河，运输用的船可以直达一之桥的河岸，

然后就要用牛车向山上的宅邸运送货物。

右手边是“黑暗坡”。山手一带有很多同名的坡。这个名字的意思和向崖下扔垃圾的场所——芥坡、五味坡一样。崖下大多是湿地，没有人居住。虽说是垃圾，但只不过是打破的茶碗和瓦块、灰尘、火灾后的残渣等，和现在非法投弃垃圾的场所不同。这些垃圾最后会在崖下被掩埋，从而成为城市和寺庙神社的用地。

御茶水

从昌平坂学问所，直到水道桥一带，被称作御茶水。关于这名字的由来有许多说法，因为是从这里将水引入江户城的，所以“将军泡茶的名水”和溪谷的景色非常有人气，沿河有许多茶馆。这里还是距

离江户城最近的夏季纳凉的避暑地，所以颇受人们喜爱。但实际上，这溪谷并不是自然形成的，而是人工挖掘的。为了预防市内的洪水，庆长元年（1596 年），人们凿开神田的山让河水穿过，这项大工程的成果就是御茶水。

图中央是“神田上水”的大樋（导水管道），在桥的对面可以看到水道桥。江户前期，由于桥的两侧架有导水管，所以得名“水道桥”，但图中这个时期的水道桥，和大樋已经截然不同了。通过大樋流到神田川的神田上水，以三鹰的井之源头（七井之池）为水源，主要向神田以北、浅草一带供给饮用水。自来水是江户人的骄傲之一，但不是免费的。大杂院里的百姓不用交钱，费用是由武家和商人负担的。

王子

王子是在八代将军吉宗主持下，作为名胜来开发的。王子稻荷有飞鸟山、溪谷，还有被称作王子七泷的瀑布等诸多名胜。图中是“名所江户百景”里面描绘的松桥弁财天和音无川的风景。

红叶鲜艳欲滴。可以看到在瀑布清洁身体的人。前面的凉亭也有前来游山的人在休憩。中央洞窟的鸟居是赖朝为战争胜利而向松桥弁财天祈祷时修筑的。过了桥，对面有很多餐馆和茶馆。

武家的装束

武士在朝中参加典礼时，要穿规定的服装，这是义务。『束带』和『素袄』等，是公家文化和镰仓文化组合演变而来的衣装。后来，逐渐形成了简化的江户风，也就是被称作略礼服的武士套装——用了『肩衣』的『袴』。因为下摆拖着『长袴』，所以行动起来很不方便，这主要是为了表示没有谋反之意。

武家已经被允许着绢，所以富裕的武家会穿着价格昂贵的绢制服装，但下级武士，特别是男性，很少会定做和服。女性在出嫁时会将和服作为嫁妆带来，所以妻子穿着的是带有娘家家纹的和服。以此来炫耀某个家族和哪些家族有姻亲，就有了政治的意味。

武士的装束

武家的男性根据典礼仪式不同，会穿着不同服装。对此有详细的规定，服饰的种类也非常丰富。

“束带”是平安时代的衣装，也是规格最高的正装。在宫里，从朝廷重臣到将军、大名都会穿。武士要佩刀，而朝廷官员不带刀。“衣冠”是束带的简略版本，没有拖长的后摆，可以穿着指贯[①]。

江户城流行的是长直垂[②]，戴的是风折乌帽子。这是始于镰仓时代的武士的正装，四位以上的武士穿的是素色，五位以下穿的是一种绘有很大的家纹，称作“大纹”的服装。六位以下则穿着被称作“素袄”

①一种裤腿肥大，裤脚有束带的和服裤，贵族着直衣或狩衣时穿用，或在穿着“束带”的衣冠、布裤装时穿用。

②方领、无徽、带胸扣、下摆掖进裤里的武士礼服。

的长直垂，戴的是和腰带相同布料的舟型乌帽子。四位以下的大名和高家[①]被允许穿一种布衣——“狩衣”作为礼装，戴风折乌帽子，穿指贯。这是大名、旗本在江户城内举行仪式的时候穿戴的。同时佩戴被称作殿中差的短刀。

武家以外的医师、茶人、绘师、儒者等，均为僧人的打扮，穿“僧衣”。这是因为除了公家、武家，还有“僧侣”这种官位。和真正的僧侣不同，他们是佩刀的。

①江户时期掌管幕府仪式和典礼的官职。

时代剧中经常可以看到包含肩衣和袴的“裃”。“长裃”就是“长袴”，是能直接参见将军的礼服。与之相对，包含半袴的“半裃”，则是武士平常工作时穿的。这两种和服的腰间都印有“熨斗目”花纹。穿着平织半袴的“继裃”，是比半裃更加简化的工作服，御目见得以下的御家人等，也会将之作为礼服。

“白衣”也被称作“着流”①，是不穿袴的武士的便装。不上殿的

①穿和服时不穿裙子只穿外衣。

百俵扶持以下的御家人不穿肩衣，而是穿着羽织裤工作。所以也称作“羽织勤”“白衣勤”。

大名的陪臣也和幕府一样，根据门第不同，高一点的穿裃，低一点的穿继裃。门第比较高的武士平常也穿继裃，但在仪式的日子或庄重的聚会上要穿裃。

“足轻”“中间”因为没有武士身份，所以身着棉布和服。平常为了拿腰刀或木棒时行动方便，就将袴或和服掖起来。“小者”是没有战斗力的仆人，所以不带武器。

女性的和服

图中是武家的女儿身穿“晴着（鲜艳的和服）”出门时的样子。女性平常穿木屐，但穿晴着的时候要搭配草鞋。夫人在和服之外，穿的不是羽织（和服短外褂），而是一种窄袖的“打掛”。越是富裕的人家，穿的和服就越长，所以外出的时候，要用扱带（以整幅布捋成的女式腰带）折叠起来。武家被允许穿绢，但低等的武家和庶民几乎没什么不同。女中的日常必备装束是在朴素的和服上打一个“小鹰结”。

武家的已婚女性喜欢的发型，是用簪子装饰的“片桐髻”，或在头顶的位置梳“岛田”（多为未婚女性的发型）、“丸髻”（已婚妇女结在头顶上的椭圆形发髻）。和庶民相比，将头发威严庄重地高高挽起，才能显示出武家风范，身份较低的则将头发梳得很低。

女性的元服（成人礼），会在结婚或十八到二十岁的时候举行。发型是大垂发（前发向两旁蓬起，在脑后结髻，发梢垂得很长——译注）。元服之后会换上华丽的和服，妆容也变为将眉毛剃掉、牙齿抹黑。妆容不变的情况被称作半元服。

奥勤的装束

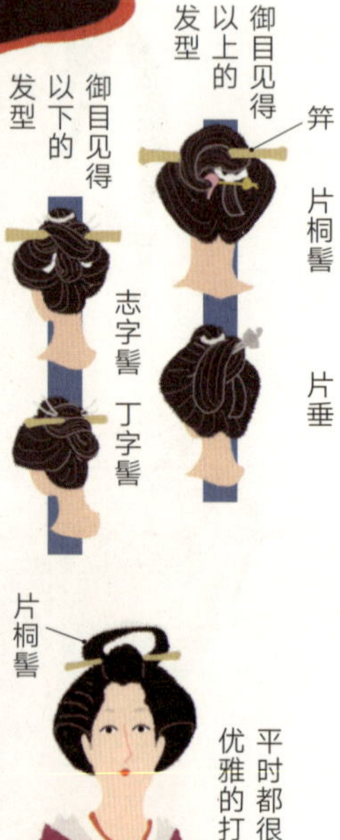

江户时期，大奥是江户城中地位最高的夫人，大名家的夫人位居其次。可以参见将军和殿下的身份是“御目见得以上”，有“上臈”“御年寄”“中臈”“奥祐笔”等。她们以公家和武家的女儿为主。“御目见得以下”的奥女中，町人（商家之女）可以出仕奉公。高价的长和服以及使用簪子的发型是其特征。

御役人和刑罚

这里要介绍一下奉行所里的御役人和刑罚。我们描绘了『三奉行』中町奉行和寺社奉行，还有改良版火附盗贼的服装。奉行所里还有勘定奉行，勘定奉行监督的是武士，所以并不像其他两种奉行那样身穿逮捕罪犯的服装。

刀可谓是武士的生命，在比起勇武更看重和平的江户时代，拔刀还是不拔刀，成了经常受到质询的问题，大多数的武士其实没有使用刀的经验。所以，各藩的处刑和为切腹者介错（砍头）的人很为难。与此同时，刀的实用性也开始向艺术性转移，不仅仅是武士，富裕的商人们，也开始对刀型、刀刃的纹理、刀身和外饰等产生兴趣。这里也将介绍这些刀的个性。

寺社方

处理在寺庙神社内引发的问题或事件的是寺社奉行，逮捕罪犯需寺社方出动。寺社奉行比町奉行和勘定奉行地位高，由奏者番兼任。因此，“寺社役”由奉行的家臣来担任，不像町奉行那样，下属有幕府直参的与力和同心。“小检使”手拿缀有白穗子、一尺（约三十厘米）长的十手（捕棍），身穿“裁着袴”。“同心役”则用约二尺长的十手。实际负责抓捕犯人的是“手代”和中间，他们使用的是六尺棒和刺叉等三道具（指突棒、刺股和袖络）。

审讯和裁定不在寺社奉行所内，而是在评定所或牢房中进行。

町方

上图是町方役人的一般服装和工具。“与力”戴阵笠，穿护具和野袴。“同心”大多腰佩双刀，不过实施抓捕时，会佩戴一把刃引（毁掉刀刃以免伤人）后的长腰刀，除了带十手之外，还会携带绀色或黑色的逮捕用绳索。有时也穿戴锁笼手（缀有锁链网的护臂）和护腿。

抓捕负隅顽抗的犯人的“捕方人足”是同心或冈引（同心的下属，负责搜索、逮捕犯人）的下属。冈引负责收集情报，并不参加抓捕工作。抓捕犯人的时候，会使用“刺叉”“突棒”“袖络”三道具，以及六尺棒、梯子，甚至还有竹圆箍等，以控制住犯人的行动。

平时的町方

“与力”穿裃，但在幕府末期改穿羽织袴。“同心”不穿袴，只着和服不穿裙子，怀中藏有缀红色流苏的捕棍。他们不是町奉行的家臣，而是直属于将军家，世代维持治安。他们身穿洒脱简单的衣服（大多是从大名或商人处得到的赠礼）。町奉行所里工作的人员则是奉行的家臣，所以打扮很普通，奉行更换时，他们也会跟着变动。

冈引从同心那里领取酬金，经营公共浴池或理发店，通过这种方式收集城市中的信息。所以，町方每天早上会将女浴池包场，以接受情报。冈引也被称作管理人，因为他能够集合捕吏们，被称作下引的情报员也是其下属。

“御用闻”作为同心的公差，是出入府邸的冈引。所以服饰显眼，人尽皆知。他们是庶民，所以幕府并不发捕棍给他们，同心会为他们购置，有时也要自费购置。

“目明”也是冈引的一种，多以卧底的身份存在，一边“做坏事”

用刑和拷问

一边收集情报。“御耳”指的也是情报商。

本页画的是牢房。嫌疑犯在八丁堀的大番屋或调番屋经历过严厉的调查质询后，罪行确定，并从町奉行处得到“入牢证文”，然后押送到这里。进了牢房，就等同于定了罪。审判和招供是基础，牢房的目的是让犯人承认罪行。首先是审讯，若不承认，就会用刑。“鞭打”“石抱”“海老责”（日本古时拷问方法之一，将犯人身体如虾一般向前蜷曲，上半身与脚压得极近，疼痛难耐）等循序追加，直到认罪，反复多轮。若仍不认罪，就在拷问室里进行“吊责”。町方只将吊责称为拷问。

刑罚

刑罚有正刑，还有附加的属刑，根据身份不同，还包括闰刑。在牢狱中白天斩首“杀人犯”，晚上在死刑场执行“火炙”（用火将犯人烧死）、“磔”（将人绑在柱子上刺死）、“锯挽”（用锯子将头锯断）、流放到偏远岛屿的放逐、切耳、杖刑等刑罚，以及坐牢等惩戒。但叱责也算作正刑。这些主要都是对男性庶民的刑罚。武士要切腹，算不上武士的则会被斩首。执行刑罚的一般是各藩藩主，但随着时代的变迁，可以执行斩首的武士也减少了，逐渐委托给了“御样御用”的山田浅右卫门及其门人等专职人员。为了判断将军、大名、旗本委托的刀性能如何，御样御用会在执行了死刑的尸体上试验。而在江户前期，刀的主人会亲自试着行刑。

杖刑
鞭打次数不会减少，但会在力道上加以控制。
示众
在两国桥的桥头等人流量大的地方
锯挽
并不是真正地锯断
引回
举着写有罪状的旗子，一直游街到刑场。

远岛（放逐）一般是无期徒刑，除非特赦，否则永无归期。所付（江户时代放逐的一种，禁止在某地居住。是放逐中最轻的，对没有向妻子递交休书便再婚的人处以的刑罚——译注）、江户所付等，虽然不能在指定的地域居住，但进入是可以的。作为其记号，要处以刺身这种属刑。除此之外，还有“引回”（犯人或处刑后的犯人的头颅、尸体由刑吏带着巡游，让公众观看的刑罚——译注）、示众。

贬为非人（江户时代最下层的阶层）也是属刑。

对女性，基本上都是杖刑以下的刑罚，接受对纵火犯实施的火炙的，遍寻江户历史，只有蔬菜店阿七一人（阿七于一场大火中，在避难的地方和一位寺院杂役相遇并相爱，一心希望与对方再次见面而放火，最终被处以火刑，日本最著名的恋爱悲剧之一）。

从侧腹噌地一声刺入，然后示众数日。

对纵火犯的刑罚，用柴火将其包住然后焚烧。其尸体会放置数日以示众。

处刑后将头颅示众

处刑后尸体被用来试刀，原则上尸体不会归还死者家属。

押送

因生病等原因无法走路的犯人用畚来运送。

用粗草绳捆绑、戴上足枷后塞进笼子。
大小便时也不放出来，而是从下面的孔解决。

旗子上写汉字的船押送的是轻罪犯。用平假名的则是押送重罪犯的船。

押送犯人使用的是竹制的“唐丸笼”。唐丸是一种鸡的名字，这种笼子类似鸡笼，因此得名。八州回（关东取缔出役的俗称——译注）等在江户以外的地方逮捕了犯人，就会使用这种笼子来押送。八州回持有缀紫色或绀色流苏的捕棍。

江户的远岛刑是流放到伊豆七岛。每年二至三次，出船的数日前，将罪犯移送至灵岸岛的船番所，然后乘“流人船”运至海面上停泊的伊豆回船。总共要花两个月的海上之行才能到达三宅岛。除此之外，还有送至新岛或八丈岛的犯人。远岛是无期徒刑，罪犯在岛上一个人过着自给自足的生活。

火附盗贼改方

饥荒肆虐，盗贼团伙横行，仅靠町方已不能维持治安，于是会从御先手组和持组中选出一支警察队伍，这就是火附盗贼改。这是在本职的工作之外又追加的职务，所以被称作“加役”。最初火附改和盗贼改是不同的岗位，后来合并到了一起。

他们有时要在紧急情况下恢复治安，为完成任务，不惜将嫌疑人斩首。町方逮捕罪犯一般是告诫并带走，而他们会拔刀相向，依据“如有违抗斩立决”的体制随机应变。这是因为火附盗贼改面对的对手非常凶暴。另外，被捕后审讯极为残酷，也是非常出名的。

太刀

专有名词“大刀”指平安时代之前老式的刀，镰仓时代之后的刀被称作“太刀”“打刀”。但无论哪个写法，都读成“tachi”，一般是对武士腰间佩戴的两把刀中较长一把的称呼。长度大概从二尺（约六十厘米）到三尺（约九十厘米），江户时代以二尺三寸为标准。二尺以下的被称作“肋差”，庶民也可以佩戴。一尺以下的被称作“短刀”“匕首”“小刀”。

因时代和用处不同，刀的形态也多种多样，图中画的是具有代表性的两种不同特征的类型。右图中的刀棱很低，弯曲度很大，作为武器耐久性较差，但轻巧又美观，深受太平时代望族喜爱。然而在战乱时代，尚武者偏好有分量且攻击力强的刀，因此大多佩戴左图中那种刀棱很高，有宽度的刀。“同田贯”就属于这种刀。幕府末期的武士大多喜好被称作直刀的没有弧度的刀。

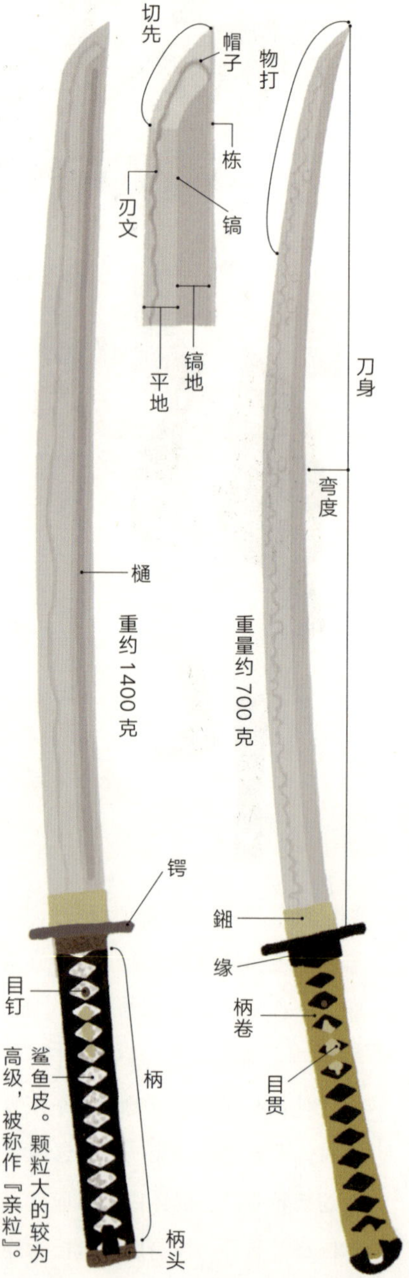

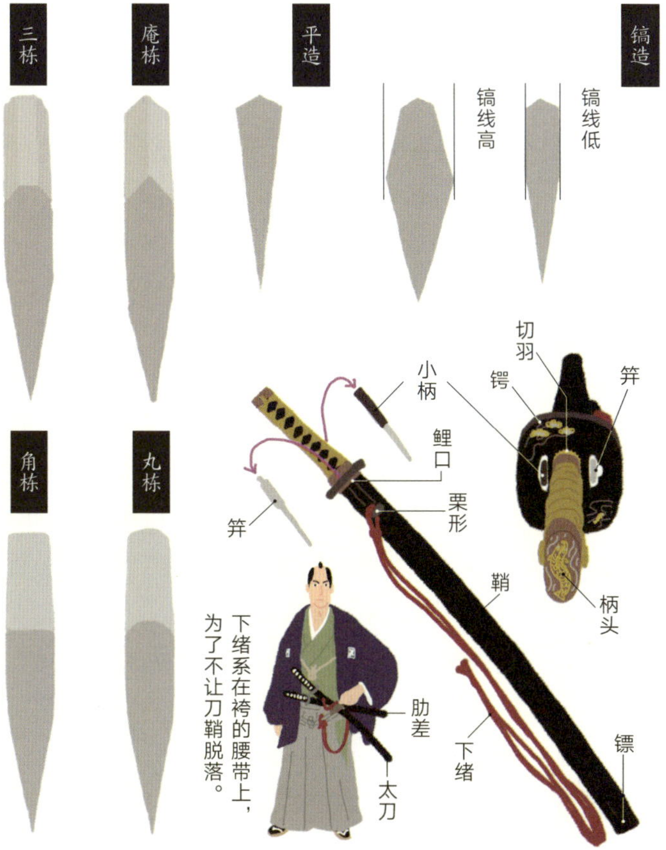

物打

物打指的是从刀尖开始，约四分之一个刀身的部分，主要用这里砍敌人。所以，町方的检使查看犯罪痕迹时，看的也是这里。

樋

樋是在“镐地”（刀背）上雕刻的槽。虽然也有为了放血的说法，但主要还是为了让刀更轻便而雕刻的。在江户时代，刀是“不出鞘之物”，所以没有什么比轻便更重要了。

造

刀的造（造型）中，“镐造”是最常见的。肋差和短刀多为平造，还有菜刀使用的“片刃造”。日本刀的特征还有“反（弧度）”，用深和浅来表现。“栋”的形状也各种各样，在刀鞘中，最为稳定的“庵栋”最为普遍。

刃文

可以和“反”并称为日本刀标志的就是“刃文”。刃文并不是自然生成的，而是刀工烧制时，在刀刃上涂抹被称作烧刃土的粘土，从而生成的纹样。“切先”上描绘的刃文被称作“帽子”，这也是彰显刀工个性的部分。

地肌

与刃文不同，地肌是在刀的“平地”上全面展现的纹样。分“正目肌”“板目肌”“杢目肌”“绫杉肌”等。这是将钢多次反复锤炼后出现的，层数可达三万以上。

拵

刀身以外的部分，“鞘”“锷”“鈿”“柄卷”“目贯”“柄头”“缘”“下绪”等的总称。

笄

插在刀“鞘”里的“笄”，主要用于梳头发。笄的头上还带有掏耳勺。鞘的另一面插入的“小柄”，是日常使用的小刀。

古刀

平安末期到江户初期的庆长年间制造的刀。这之后的被称作“新刀”“新新刀”，这之前的则被称作“上古刀”。

写物

江户时代，以名刀为样本而制造出的刀。并不是赝品，而是模仿设计风格的作品。

裁断铭

御样（试斩）的结果刻在刀上，并施以金象嵌，被称作裁断铭。刻有“三胴”，证明“一刀砍断了三具尸体”。

女国重

虽然一般认为女人是禁止锻刀的，但大月源（御源），是对江户中期备中的女性刀工，以及她们锻制的刀的称呼。

各式各样的刃文和地肌

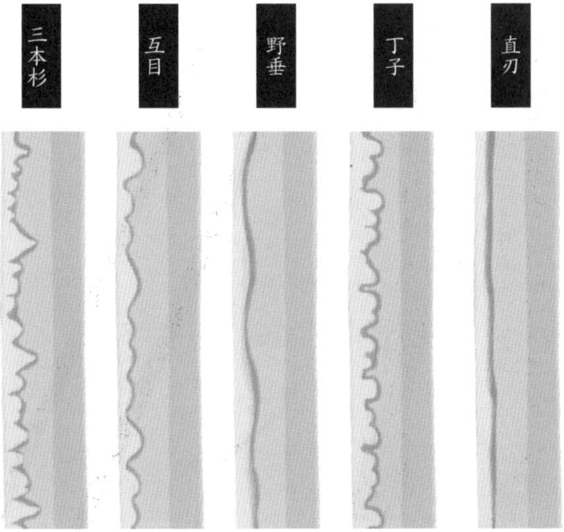

刃文是从刀尖开始，直到镐都可以看到的纹样，其中也有像皆烧这样的。

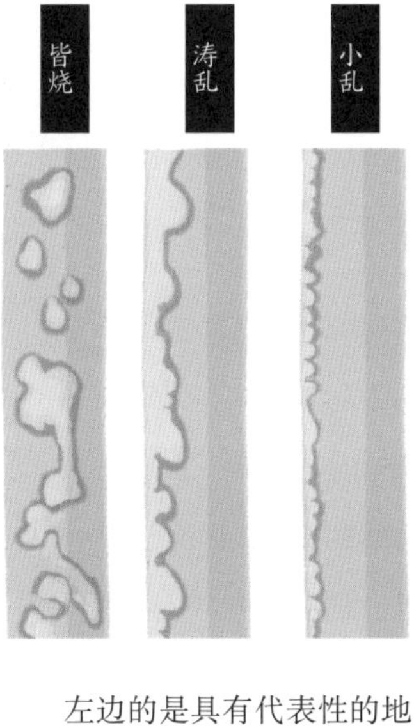

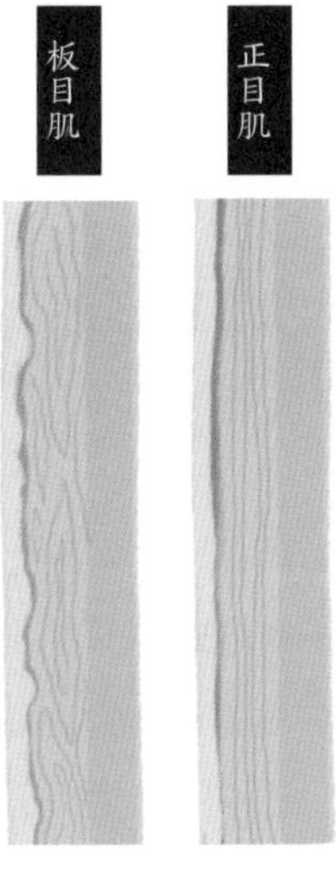

左边的是具有代表性的地肌纹样。并不是在所有的刀上都可以明显地看到，优美的地肌也是名刀的象征。

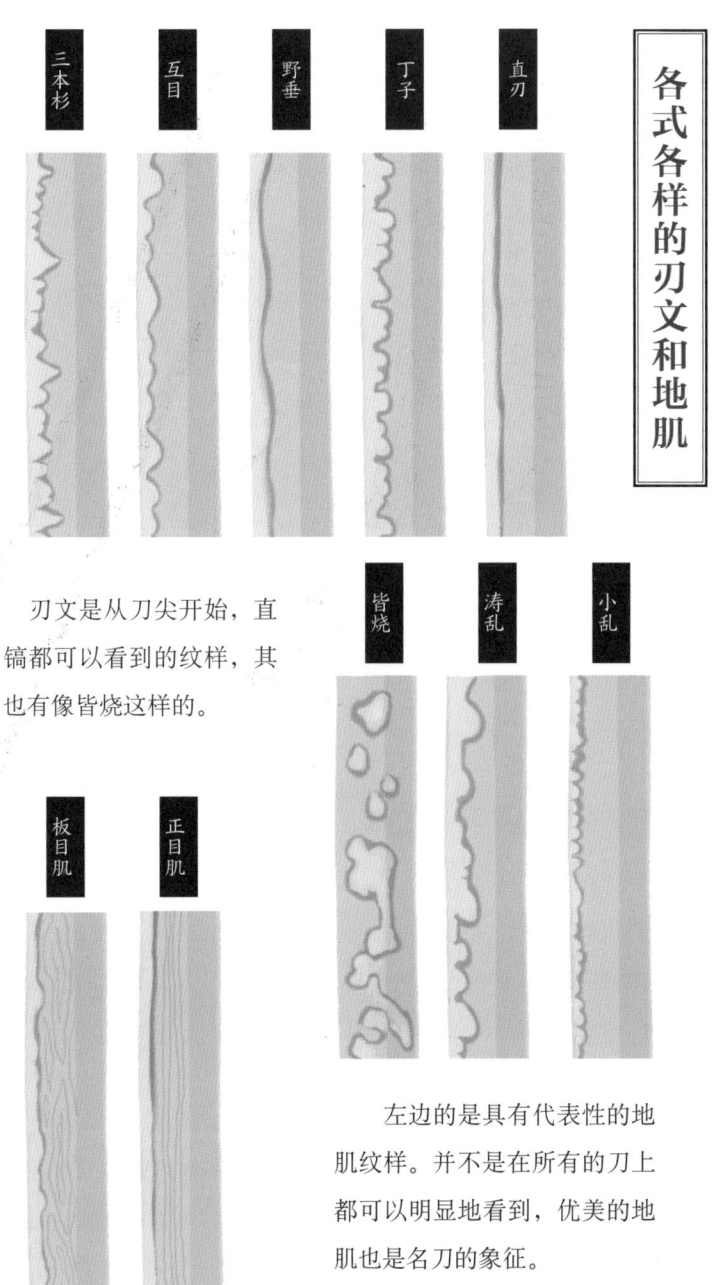

其他武器

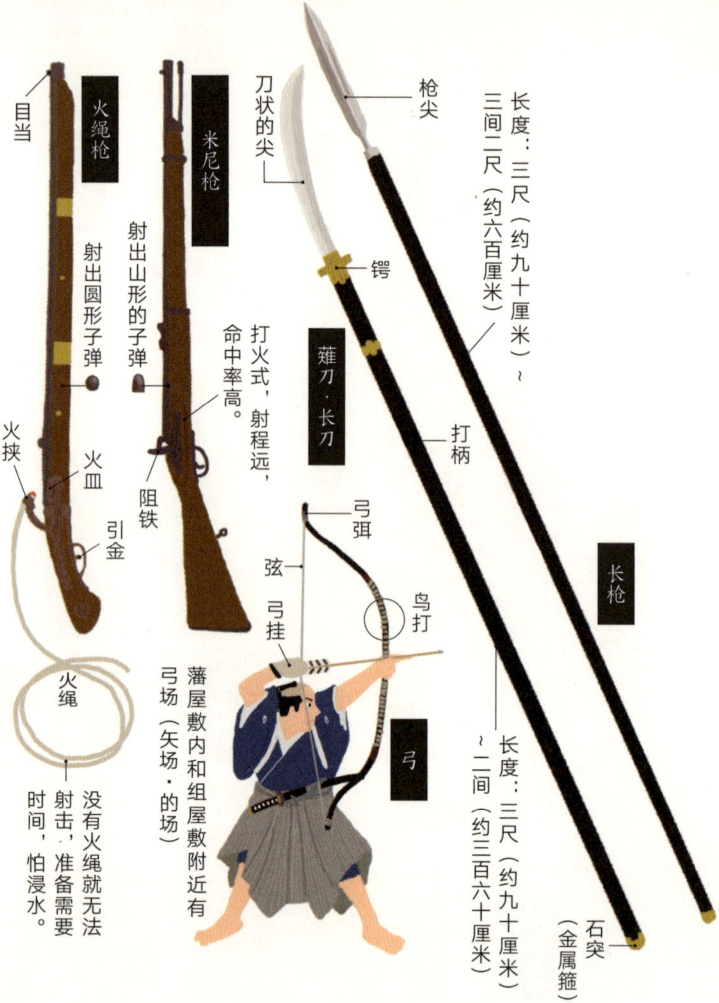

直到镰仓时代，射箭这项技术都被誉为武家的卓越技能，其后，随着战术的变化，评价也就转向了“长枪”“薙刀”。和长枪相似的武器是矛，可以认为是枪的祖先。“薙刀”的形状类似在长柄上插一把刀，一般是武家的女性使用。

“火绳枪”是从室町时代传下来的，战国时代日本的火绳枪数量和战术在世界上首屈一指。“米尼枪”是幕府末期出现的不使用火绳的打火式火枪，佐贺番也能够制造。步枪则是将子弹从枪的前面装进去的枪种，江户时代几乎所有的枪都是这种枪。

庶民的和服与工具

江户时代是庶民文化兴盛的时代，其根基当然是长达二百六十年的和平。

男性的发型模仿武家，结起了髻。女性也从垂发变成了以髻为主流，之后发展为各种各样的发型。衣装也从坚硬的麻演变为吸湿性及保暖性都高的柔软棉织品，织染技术都有所发展（庶民是禁止穿绢的）。

随着时代的推移，女性的腰带逐渐变宽。富裕的女性的和服样式也开始效仿武家。进入府邸的女中奉公吸收了武家文化，并将其广泛传播到庶民之中。对于男性的衣装，本章中着力介绍『店家的和服』。其他职人和行商（挑担沿街叫卖的人）的装束，请阅读《庶民的生计》一章。

女性的和服

庶民女性平时穿的衣服带有黑色领子，这是为了防止和服被弄坏或弄脏。炎热的季节，领边大大地敞开，里面会露出和服的领子，非常漂亮。江户既有“衬领商”，也有“零布商”，三井越后屋也接受裁开买的消费者，所以漂亮的布可以只买一点点。对庶民的女性来说，衬领的时髦是基本中的基本。

“长屋的女房”这张图里的人物是没有系腰带的。不出门的时候，不系腰带是很常见的。为了活动方便，也会将和服掖起来，成了汤文字（日本传统女性内衣，以长布覆盖下半身）打扮。汤文字是内衣，

最早是不让人看到的，后来却流行起了漂亮的汤文字。

夏季洗浴归来的女性，会穿着浴衣。手里拿着用来擦洗头发的毛巾，但不拿桶。桶一般寄放在澡堂里，或直接就是澡堂的所有物。代替香皂的糠袋，里面装的东西也扔掉了，只剩下袋子。有点凌乱的样子，还挺性感的吧。穿着男人的木屐，以暗示“我是有老公的哟”，这种避开男性的方式也很俏皮。

寒冷的季节外出时要用到头巾。大概是风很强烈吧，图中的女性，披上袖头巾后还卷了毛巾。江户后期，女性会也穿羽织。

商家的女儿穿振袖的样子

比起武家，更追求鲜艳而自由的流行。

商家的礼装姿容

平常外出时，前面要系『带』，有时也系成抱带（在和服带的下侧加上一个结，装饰用）。

银杏返 年轻女性的发型

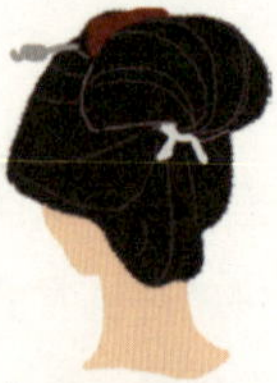

丸髷 主妇的发型

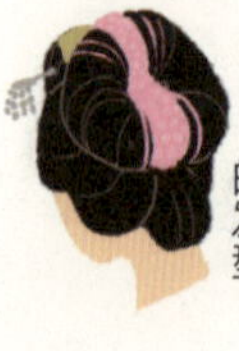

桃割 女孩子的发型

松散的岛田 适合各种年龄的女性

商家在晴天里的样子。总体来说，商家女儿的穿着比武家的女儿要更加艳丽奢华。礼服最初是武家的风俗，但商家的习惯基本上也是一样的。在颜色上没有特别的规定，不过多数都穿黑色的纹付（带有家徽的和服）。女性用的是娘家的家徽。

发饰和化妆工具

这里指的是一般女性的化妆工具和发饰。“化妆”，面部化妆读作“keshou”，如果包含时装或美容的意思则读作“kewai”。

“簪”，是将前奈良时代女子头发上插的花作为原型设计的发饰。而“笄”是将头发挽起的工具。“栉”是齿细密程度不同的梳子，解、梳、抚三管齐下，用来整理头发。剃眉、牙齿抹黑原本是贵族的文化，后来通过武家，也普及到了庶民的女性中。这曾是女性元服后的习俗，但到了江户中期，演变为生完孩子后的做法。

店家的和服

庶民男性的和服，主要是羽织和小袖。在商人家里，十岁前后的男孩子会被雇为学徒。若是真的有意从事商业，十五岁成年礼后就会成为“店中的二掌柜”。店员以每年两次的机会，从店里获赠按季节供给的衣服。大家为了迎合店里的气氛，都会穿上整洁清爽的和服。到了大概三四十岁时，就能晋升为掌柜，平常就开始穿羽织了。升到掌柜后才被允许结婚，这之前全员都住在店里，过着集体生活。在店外住的掌柜被称作“通勤掌柜”。“少东家”若是浪荡公子，会身穿长

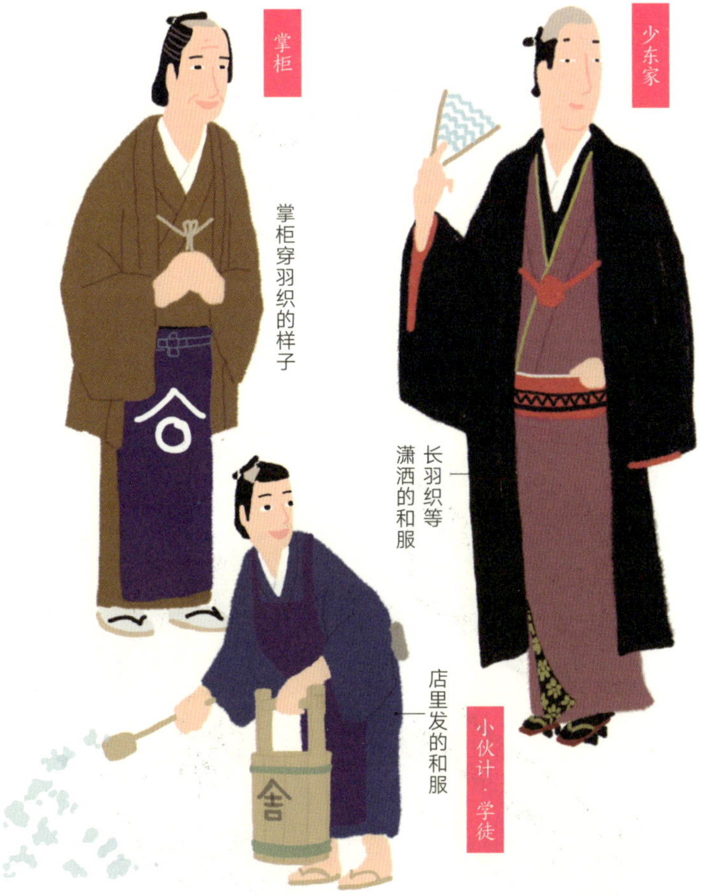

羽织，沉迷于穿着打扮和吃喝玩乐。正直的少东家则从十几岁开始就到别家的店里当学徒，虽然不是在自己家帮忙、领取衣物，但会得到与其身份相应的待遇。

店主因为身兼町役人等公务，所以和武士一样穿袴，并佩戴肋差。

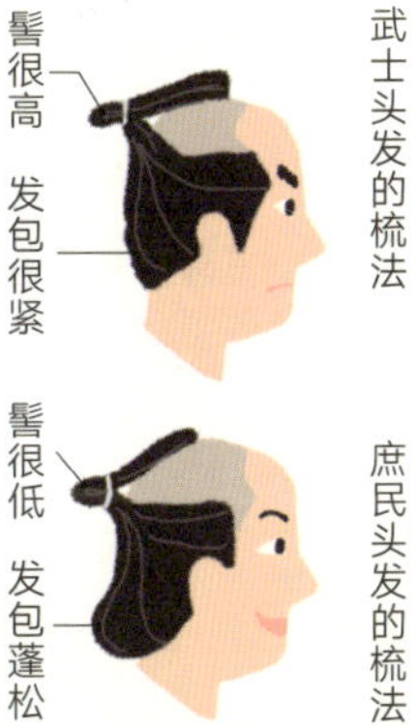

店里主要的工具

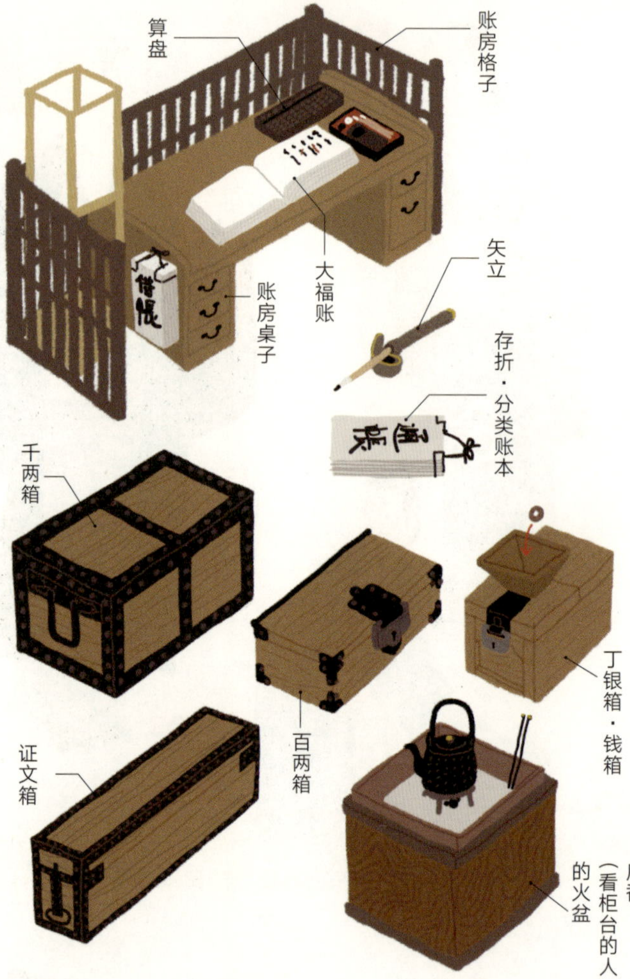

这里描绘的是商店中代表性的工具。掌柜用的账房桌子有“账房格子”围着。在这里掌柜可以管理大福账（流水账，商家用来登记买卖金额的总账）和棚卸账（盘货账）等各种各样的交易记录。

随身携带的笔可以放进“矢立”，这是在外出办公的地方填写存折等的必需品。装有小金币的箱子被称作“千两箱”，不过有时只装五百或二百两。除此之外，装有手印票据等字据的“证文箱”也是必备品。证文中也包括类似现在的啤酒券那样的赠送答谢用的商品券。

庶民的生计

江户是拥有百万人口的大都市。其人口约半数是庶民，所以有种类繁多的职业。然而，并不是谁都能随心所欲地在江户居住，自由做生意。庶民通过人别账进行管理，基本上是子承父业。

即使如此，新成为江户住民的人也有很多。次子以下的孩子、艺伎、招入的弟子，还有根据契约来江户打工的人等等。当他们能够独当一面，契约结束的时候，就能够在江户自食其力地行商、生活。但一般来说，做生意必须有株（江户时代在职业或经营上规定的特权）或鉴札（许可证），如果没有保人或町役人的担保，就连挑担沿街叫卖也没有那么容易。

另外，多数买卖的价款是四文和十六文，因为名和五年（1768年）发行了四文面值的钱币。虽然时代不同，您可以想象，四文钱大概相当于现在的一百日元。

赤蛙商人

赤蛙对小儿肠胃病有治疗效果，所以作为药食受到青睐，顾客多为乳母。销售时，摊贩负责剥皮切开并收拾好……有点儿恐怖。吃的主要是大腿肉，晒成的干儿在药材批发店等也可以买到。

牵牛花商人

牵牛花是夏季的风景，主要产地在御徒町（上野）。下级武士为了能在组屋敷赚点现金，会栽培这种花。突然变异而生的珍贵品种，能卖到很高的价格。

浅蜊商人

浅蜊商人从清晨就在城市里巡游，卖早饭用的浅蜊和蚬、豆腐，以及纳豆。蚬和蛤蜊会在年中的时候上市，浅蜊则是夏季食用的。江户的贝类，大多来自深川渔师家的孩子们。

卖油郎

油主要在行灯里使用。除了油店，也有卖油郎挑着多种油来卖。鱼油很便宜，菜籽油相对贵一些。直到最后一滴油滴落完，买卖双方一边说话一边等着，在旁人看来，就像是在说闲话，“卖油”（打发时间）一词就是从这里来的。

甜酒商人

用扁担挑着的箱子上还有个锅。箱子里面有火盆，甜酒通过这种方式一直保着温。直到江户中期，甜酒都是冬天的饮品，但渐渐和季节脱离了关系，什么时候都能享用了。

卖糖人

卖糖的商人有很多种，有打扮成外国人的“唐人卖糖”，有穿着狐狸人偶服的“狐狸卖糖”，还有“老万卖糖”（穿成女装的男性一边舞蹈一边卖糖）、“老爷爷卖糖”“镰仓节卖糖”“卖土平糖”“卖船篷车篷糖”等等。这些人都穿着奇装异服，很受孩子们欢迎。

卖糖人儿

普通的卖糖人

一粒四～二十五文

昨夜刚捕的香鱼哟~

香鱼商人

香鱼从春天尝鲜，一直到秋天都可以享用。玉川（多摩川）是江户香鱼的名产地，夜里捕上来的鱼，通过年轻的女孩子一边唱着歌一边步行，连夜运到四谷盐町的批发商店。

真是个好男人啊……

铸焊师

以修补锅、釜等铁制器皿的窟窿为生的人。背着风箱，当场将铁熔化，浇灌并捶打修整，将其补好。

冬天也以同样的打扮工作

筏 师

也叫“川并”，是处理在水上漂浮的圆木的人。木材在贮木场里的水上漂浮，通过这种方式进行干燥。虽然要花很长的时间，但这种方法处理的木头不会开裂或生虫。严寒的冬日也在水上工作。

居酒屋

最初居酒屋是仅供试饮的店，但到了江户后期，就成了饮酒和吃饭的店。在居酒屋花八～四十八文左右就可以饮酒用餐了。只卖酒的是庶民的店，料理豪华一些，就成了武士也常来的地方。虽然没有为武士准备特别席，但和庶民是分开的。如果喝醉打起来就大事不好了，所以武士和庶民不在同一场所吃饭。

和现在不同的是，没有餐桌座位，而像图中这样使用长凳或榻榻米（日式房间）。长凳上的两个人分别将一条腿放在上面的坐法，被称作矢大臣。

绳子门帘就是招牌
一合酒最低八文

石匠

哐
哐
哐

石匠也称作“石切”“石工”。和木工一样，是江户城中重要的建筑业职人。除了建筑物打地基用的石头和石墙，还用锤子和钢凿制作灯笼、鸟居、石狮子、稻荷等。

医 生

大多数医生是做不了官的武家的非长子中意的职业，江户后期，在城里的汉方（中医）、兰方（掌握荷兰医术的医生）合计约两万七千名。

但是人口众多，加上治疗费、药费很高，大杂院的庶民大都还是依靠拜神。

图中画的是治疗费用较低的徒医者和大受欢迎的当红名医。名医是坐轿子的，所以也叫“乘物医者”（坐轿大夫）。徒医者的治疗费是二分，药费是一贴（一服）药二分银子。名医的话，仅治疗费就要二两二分。荷兰医术的诊察费是十五到三十文目（一两银子的六十分之一），七天的药费是三十文目。

医生的分类

“本道”＝内科医、“金创”＝外科医、“中条·女医者”＝堕胎医、“儿医者”＝小儿医，还有“眼医者”“产科医”“接骨医”等。

当红名医

市子

用降灵术来占卜的女占卜师。在女人中很吃得开，所以既有人在大杂院里做这种生意，也有人到外面去以此为生。占卜的内容和今天差别不大，主要是姻缘和健康。

一膳饭屋

也就是定食屋（廉价日式料理店）。客人坐在长凳或铺有榻榻米的席位上，用碗来盛饭菜。所谓“一膳”就是指平常的饭菜，正式的饭菜配有第二份副菜、第三份副菜等。所以，豪华的饭菜也被称作“有第二份副菜的盛馔”。

丝线商人

图中的人是歌舞伎装扮，所以显得很花哨，那是江户前期扛着箱子、步行卖丝线的商人。除了丝线，还卖针等裁缝工具。江户中期人们基本上都在店里买丝线，这种职业便消失了。

打井师

要说江户最引以为傲的，就是引水管道，而要说井，就是水道井。富裕的商家或武家的府邸，特别是山手，有很多自流井。以前挖一口井要花一百两，因为便宜的打井师的出现，井变得更为普及了。

打井师的工钱是三两二分

稻荷寿司饭商人

寿司、荞麦、鳗鱼都是江户孩子喜爱的快餐，稻荷寿司（油炸豆腐寿司）更是如此。一般在夜晚出摊，肚子有点饿的客人买一两个带走。另外，还有油炸食品，对于油摄取量少的江户人来说，是非常适合的健康食品。

芋头商人

江户的薯指的是芋头，近郊的农家用扁担担着沿街叫卖。秋天赏月的季节芋头最好卖，因为这是向月亮供奉的供品。

沙丁鱼贩

沙丁鱼是江户庶民餐桌上最常备的鱼。依季节变化，吃新鲜沙丁鱼或沙丁鱼干。节日时，还会将刺叶桂花和红色沙丁鱼的头作为摆设一起卖。

刻章师

雕刻印章的手艺人。直到江户前期，人们大多还是用被称作花押的签章，后来就慢慢变成印章了。主要的材料是黄杨。现在印章叫“印鉴”，是“水印的登记证书”，也叫判鉴。

盆栽花木商人

庙会的日子里，卖盆栽花木的商人会出现在寺庙神社院落内。像图中那样挑着担子沿街叫卖的商贩，价格要比店里卖的便宜很多。庶民的家里基本没有庭院，所以大家都用盆花和盆栽来欣赏植物。

打物屋

卖刀的铺子。从料理、裁缝使用的刀子，到裁切榻榻米和蓑草的手艺人使用的刀，有各种各样的款式。特别是堺生产的刀，被称作名品，备受喜爱。

一把十六～四十文

团扇商人

团扇分为本涉团扇、更纱团扇、锦绘团扇、奈良团扇、反古团扇等。在七月到九月，能工巧匠绘制的团扇，非常受欢迎。

烤鳗鱼商人

店里卖的蒲烧一串两百文，价格非常高，但街边摊仅需十六文，花和荞麦面一样的钱就可以吃到。烤鳗鱼的店始于江户中期，鳗鱼盒饭则发明于天保年间（1830~1844年）。这个时期，一个街区会有两三家鳗鱼铺，兴盛程度不亚于荞麦面馆。

一串十六文

街头卖鳗鱼的商贩没有店铺，在街上直接售卖。也有挑着扁担，挨家挨户叫卖的鳗鱼商贩。从那里飘来的香味简直无与伦比。这些鳗鱼商贩不卖鳗鱼盒饭，只卖蒲烧。

漆匠

在江户城里，有一种人的工作是将制漆的原料中的水分去除，这就是漆匠。这种工作被称作“染黑”。装有漆的大桶摆在店头，边晒着太阳，边慢慢地根据状态进行搅拌。

游荡的船家

围绕着屋顶船和屋形船卖水果等食物的人。特别是在大河（隅田川）的两国一带，乘船游玩的人很多，所以这种商人经常出现。

上绘师

在布料上绘制徽章和花纹的手艺人。大的图案先染色，然后再绘制花鸟等细节。家徽的话，是在和服上贴一块反白的圆布（背景是别的颜色，只剩下文字或中间的图案是白色），在上面刻画家徽的图案。因为每一笔都是手工作业，所以带有家徽的和服都比较昂贵。

饵差

也叫“鸟刺”。在江户近郊，捕鸟是被禁止的，因为那里是将军的御鹰场。饵差是将军的鹰匠役，也就是捕捉作为鹰的饵食的小鸟的人。猎物主要是麻雀，用手里的长竿刺捕。这种长竿由三四根竹竿连接，长度是插图中的两倍。

绘双纸商人

绘双纸一册八～十六文
美人画三十二文

售卖正月初读的绘双纸（有插图的书）的生意。也有用长竹子的尖夹住绘双纸沿街叫卖的人。价格是八～两百文，有书和彩色“浮世绘”等。年中的时候会贩卖禁止销售的广告和美人画等。

大声又滑稽可笑地边读边沿街售卖的商人被称作“读卖”。

毛豆商人

如今，毛豆是七月到九月间的夏季风景之一。大名府邸的长屋围墙里居住的单身赴任武士是老主顾。他们通过窗户叫住卖毛豆的，然后购买。

卖毛豆喽～
煮豆子噢～
一份四文

越前屋

在江户，和伊势屋并驾齐驱的，以越前屋为商号的店铺有很多，也被当作木户番小屋的俗称，番小屋是番太郎（看守城门的人）居住的小房子，白天卖些杂粮点心和草鞋等日用品。因为番太郎大多来自越前，所以才这么称呼。

绘马商人

也叫“绘马额卖”，从年终到新年，沿街叫卖供奉仓稻魂神和灶君的绘马。仓稻魂神在每个大杂院必有一个，每家的炉灶上都供奉着灶君，所以绘马的需求量是很大的。

收购扇箱

也叫“払扇买”。收购正月礼品用的扇箱，然后再利用。拜年时使用的扇箱，一晃动就会响起咔嗒咔嗒的声音，其实里面只是装入了细竹签而已。并不是所有人都能打开，作为新年礼物，放在玄关处，排成井字形。江户后期送折扇的人减少了，这项买卖也逐渐消失了。

大家

也叫“家守”“差配”。江户大杂院的建立是在明历大火（1657 年）之后。大家是大杂院的管理人，房主则叫“地主”。大家管理在大杂院居住的房客，也作为町役人管理着城市。因为是町人，身份较高，所以穿有家徽的羽衣，也穿袴。工资、町役人的津贴和房客的租金都属于大家的收入。图中是大家在为房客找媳妇。房客都是男子，最终成为独居老人的渐渐增多，没有照顾他们的人。所以让能干的人有妻子照顾，构建老弱男女能和谐相处、适宜居住的大杂院，也是大家的工作。

麻秆商人

麻秆芯，是在盂兰盆节时点迎魂火用的。七月的八、九日，会和灯笼商人等一起沿街叫卖。

桶匠

桶有各种各样的大小和用途，但每个都是用木板拼接并用竹子做的箍绷紧而成的。拼接木板已经很难，想编出能够绷紧的箍，熟练的技术是必不可少的。

味道刚刚好！
关东煮、烫酒，甜的辣的都有！
おでん
かん酒

关东煮商人

也叫“上燗屋”。关东煮是用豆腐、芋头、魔芋煮后加上味噌的串儿。除此之外，商贩还卖烫酒。箱子有七层，所以什么时候吃都是热乎乎的。冬日的夜里吃起来尤其美味。

情报贩子

售卖彩票“中奖情报”的人。一般认为，这只是买彩票的人才会用到的情报，但最初买彩票的是有钱人，不是庶民。庶民会用那个号码自行进行赌博，所以这种情报很畅销。虽说是买，但只不过是在耳朵边悄悄耳语，并不是将号码写在纸上来卖。

情报、情报喽！
情报费四文

御用裁缝

对在武家府邸工作的裁缝师的称呼。一般称作“针子”“宫中”，在寺院里则叫“秒针”——这个词在寺院里有时也指僧侣的妻子。

音乐老师

乐曲是江户女性的修养之一，所以，富家的女儿上完私塾后，都会去学。除了三味线和琴，还教舞蹈的老师叫“五目师匠”。另外，有的男性因为看上了老师，也会经常去学小曲。成为音乐老师的，多是游女或女中出身，所以很受欢迎。

要么按月定下契约，要么每次三十二～六十四文

女发结

江户中期开始盛行，为女性梳发的美妆师。在她们出现之前，女性都是自己梳发。女性用的理发店是没有的，女发结是一种入户梳发师。流行的发式一次一百文，熟客的话，会带着一起去看戏或下餐馆。客户多是艺伎或歌舞伎演员，以及町人的妻女。由于天保改革而被禁止，从而渐渐变少。

阴阳师

也读作“おんみょうじ”。正式的阴阳师是在宫中掌管阴阳术的人，但在江户城中，也有一类占卜师称作阴阳师，把祈祷和传达神的启示当作生意。

傀儡师

也叫“首挂芝居”，是挨家挨户讨钱的卖艺人。箱子里的木偶一边唱歌一边跳舞，最后以“奇奇库瓦伊”的欢呼声结束。

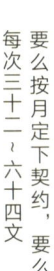

镜磨

磨带手柄的小镜子的手艺人。当时的镜子材质不是玻璃，而是金属，接触到空气就会逐渐变得模糊，所以必须要定期打磨。从事这项工作的主要是农夫，在冬天农闲的时候，到城里打工挣钱。还有一种叫“镜师”的人，虽然也磨镜子，但主要工作是制作镜子。

角兵卫狮子

是从越后（新潟）来的，所以也叫越后狮子。从初夏开始，直到晚秋都在街头卖艺，少年狮子表演的是杂技。

催款人

也叫“挂取”。当时多数生意都是赊账经营的，收账是在每月的最后一天或节日的时候。尤其到了大年三十，收款人和欠款人都很拼命。为了到各处的常客家里，要转一大圈，所以，有的时候夜里才能到欠款人家中。

轿夫

抬轿子的人。轿子大体上可分为“乘物”“町驾笼”“道中驾笼”三个种类。乘物是将军和大名等高贵人物乘坐的，抬的人不叫轿夫，而是叫“六尺”。

一般的轿子比乘物朴素，没有门，而是用罩子遮盖，江户城里使用的轿子被称作“町驾笼”。“辻驾笼”（街头轿子）则是最一般的城市轿子，招手停或在停脚的地方揽客。

“宿驾笼”是轿子店提供的一种较为高级的轿子，主要是富裕的人使用。因为价钱很贵，所以少东家如果坐着它去吉原，据说就会被断绝父子关系，所以也被称作“勘当箱”（断绝轿子）。抬这种轿子的人穿着成套的长半缠，大多是潇洒风流的年轻人，所以很受城里姑娘喜爱。还有一种在大街道上使用的“道中驾笼”，不进江户市区。

乘坐一次收取银子五文目（五百文）+喝酒的钱（小费）

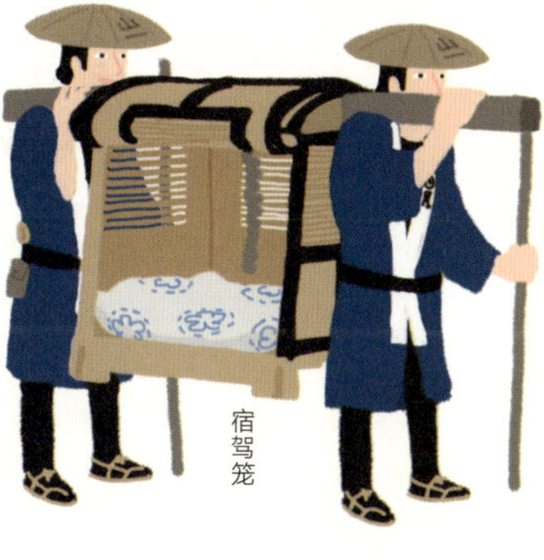
价格是辻驾笼的二~十倍

笼职人

用竹、藤、柳等编筐子、笊篱、鱼篓等的手艺人。一般的筐子是将冬天砍伐的竹子干燥后使用的。好筐子使用的竹材，要用火将油烤干。既防水又不怕干裂，润泽又好看。

伞屋

为了和“笠屋”（和伞屋读音相同）区别开来，也叫“唐伞屋”。能合拢的伞叫唐伞，据说“络缲”是其语源。伞屋卖的伞包括大而朴素的“番伞”，绘有蛇眼花纹、优质的小型“蛇眼伞”，奢华而漂亮的“红叶伞”，回收再利用的“重新糊的伞”，还有“花阳伞”等。图中店铺的屋檐下悬挂着各种各样的灯笼，也经营灯笼生意。

錺职人

也被称作“錺师”“饰品铺”。簪子或烟盒等的金属零件、建筑物或家具的金属零件、刀锷等，在这些金属上雕刻图案、清除图案，并用金银上色装饰的手艺人，就是錺职人。声誉很高的錺职人非常受女性欢迎，但如果一款产品极具人气，就要不停制作同一款东西，这也会让他们苦恼。因为并不需要自己去寻找客人，所以生活的优劣完全取决于杂货店和佛具店订购的多少。

贷本屋

贷本屋担着书本，从大杂院走到大名府邸的内院、游女屋等很多地方，目的是出租书籍。大概三天去一次熟客那里。客人多为女性，经常读一些言情小说、有图的通俗小说等。江户之子非常喜欢读书，一个街区就有大约两三家手习所（私塾），很多人是去学读书写字的。另外，并不只是租书，还有出版。

铁匠

铁匠分为锻刀的和锻造其他东西的。锻刀的戴着黑帽子，虽然装束很讲究，但并不是一个赚钱的职业。锻造其他东西是出汗的活儿，所以穿着必须适宜，上半身光着膀子。也有女铁匠。

鲣鱼商

喂！借过一下！
初鲣一条三分～三两银子

鲣鱼收获的季节才出现的鱼贩。江户人非常爱吃鲣鱼，尤其迷恋最早上市的鲣鱼，蘸上辣味噌等调料生吃。不管怎么说，那是个没有冷库的时代。为了将捕捞上来的鱼尽快卖掉，他们就一路小跑着沿街叫卖。带着砧板是为了能在卖鱼的现场就将鱼宰杀好。顺便说一下，初物（最早上市的时鲜）给庶民们增添了乐趣，但武士不吃红肉鱼，这种鱼价格高，他们买不起。“武士买不起”至今还让江户人津津乐道。

瓦灯商

瓦灯是用陶器做的便宜又结实的照明工具。睡觉的时候可以盖上灯罩来调节光亮。

芜菁和南瓜商

芜菁又粗又短，形状就像白萝卜，还有一种个头儿小、圆形的，叫小芜菁。南瓜被称作“ぼうぶら”“南京”，也叫“唐茄子”。新上市的南瓜很甜，女人们争相购买。当然，随着时令的变化，价格有时也很高，商人只能趁着男主人不在的时候来卖。

镰仓节的卖糖人

镰仓节的时候一边吟唱，一边让木偶合着节拍敲打钲鼓，产生这种构思的是江户后期流行的卖糖人。歌舞伎演员市村羽左卫门在舞台上将之演绎了出来，又得到了作为谢礼的带有市村家徽的和服，卖糖人也变得越发有名。

炉灶师

炉灶是用土做的，使用一年就会出现损伤。富裕的家庭和料理屋，年末会请炉灶师进行修整。江户的炉灶是黑色的。

买发人

也叫“收头发的”“买落发的”。收购女人脱落的头发，再当成制作发髻或假发的材料出售。也有穷人将自己的头发剪掉，卖给收购头发的商贩。另外，从寺院里购买死者遗体的头发也是允许的。

纸屑商人

对收购废纸、旧布的人的称呼。两个人搭着伴在城市里转悠，用杆秤称重，按重量收购。

雷粔籹

浅草名产雷粔籹，从江户时代就作为土特产备受青睐。粔籹是从很久以前就有的点心，在浅草寺雷门重新建造后，浅草的粔籹就有了这个名字。

梳发店

名为月代的发髻是江户男子的发型，由于自己无法梳理，梳发店应运而生。人们大多以三天一次的频率去梳发店。另一方面，梳发师是町方的情报提供者，还担任消防员的工作，所以被允许在会所地和消防避难所里开店。女性不去梳发店，自己能够梳发是长大成人的标志。江户中期以后，被称作“女梳发师”的上门梳发师开始流行起来。但即便如此，武家的女子还是要在家中梳发。

髢屋

“髢”指的是头发绺（梳日本发髻的时候为了形状好看而加入的假发）。本来读作“かつら”，但宫廷女官使用的委婉用语（首字母+“もじ”）被推广开来，就变成了“かもじ”这种叫法。

蚊帐商人

通常来自和服衣料商，由嗓门很好的人担着纸糊的箱子沿街叫卖。和服衣料商的伙计也跟着一起卖。蚊帐有用麻做的“萌葱蚊帐”（黄绿色蚊帐）和小号的“枕蚊帐”（用来盖住小孩儿枕边的小型蚊帐）、“母衣蚊帐”等。

唐纸屋

所谓唐纸，是用于糊隔扇等器物，闪闪发亮的装饰用纸。闪闪发亮的并不是金子，而是一种叫云母的矿物质。

卡拉卡拉

卡拉卡拉是一种像拨浪鼓一样的小孩玩具。卖这种东西的商人扛着木棒，上面捆绑着稻草秆束，这种木棒称作弁庆。因为在稻草上插了很多商品，很像弁庆的七种武器，故得此名，经常被行商们使用。

辛皮商

花椒枝条皮是一味防止食物中毒的药，到了春天，就会有女性扛着卖。直到江户中期，人们还经常食用这种东西。放到生鱼片、面条、酱菜里，比花椒粒更辣，刺激性也更强，女人们不怎么喜欢。

打靶木偶

芝神明宫的祭祀时出摊的庙会游乐项目。虽然是吹竹矢将子弹射出去的简单游戏，但如果打中，就会有妖怪和鸟兽的木偶从上面飞出来，非常有趣，所以很受欢迎。

花林糖商

深川名物花林糖，并不像现在那样用小麦粉炸制，而是蘸上了黑砂糖的木梨，类似陈皮的小食品。木梨对嗓子很好，所以作为大人的糕点也非常适合。提着大大的灯笼，在夜里沿街叫卖。

烟丝商人

背着小型多屉柜沿街售卖烟丝的生意人。在江户无论男女都喜欢抽烟，所以各种各样的品类都能找到。

狐舞

除夕的时候代替吉原舞狮的除魔降福的表演。带着伴奏，巡回于各个茶馆。

灸点所

也叫“艾灸所”，也就是灸治院。江湖人经常使用灸术，特别是在二月二日和八月二日，人们认为这两天最为有效。虽然招牌上画着女子在施艾灸，但实际上，有女子艾灸的地方几乎不存在。

经师屋

也叫“裱糊匠”。在挂轴、卷轴、屏风、隔扇上贴上画作，或进行装饰的手艺人。

曲马

有的是抱着纸糊的马模仿骑马杂技的街头演出，有的是在奔跑的马（真马）上展示各种技能的杂技。使用真马的表演叫作“骑马杂技”，在杂技棚里举行，非常有人气。街头演出则是模仿骑马杂技来逗笑人们的。

曲屁

不管怎么说，这都是种没品位的艺能。伴随着三味线和小曲放屁的杂技。虽然有梯子屁、祇园伴奏、狗吠声等各种各样的技能，但可不要因为是“江户文化”就加以模仿哦。

布头贩子

卖布头的生意。挑着各种花色的布行走于街头巷尾，也可以裁开买。绸缎的价格很高，所以在修补衣物或做装饰人偶等只需要一点布料的时候，就要找这种商人。

金鱼商

也叫“卖青鳉鱼的”，是从夏天直到秋天，卖金鱼或青鳉鱼的行商。在下谷和本所一带有养殖金鱼的人。金鱼有兰畴（卵虫）、庭金、三尾等形态各异的品种。

金时豆商人

把大粒红小豆加砂糖煮甜后，沿街叫卖。作为小孩子的零食、婴儿的辅食备受欢迎。

下糖商

把凝固的糖稀用刨子和凿子削成不同形状，再黏在杉木棒上做成的糖。过去是加入了地黄煎（地黄根煎的药）的茶色糖，对治疗腹泻有效果。因为是从上方（都城）传下来的，所以被称作“下”糖。

芥子之助

宝历年间（1751-1764 年），在浅草特别有名气的街头艺人。豆子、酒壶，还有镰刀等，将形状、大小、重量都不同的东西当成小布包耍，或表演魔术。

换木屐齿

修理木屐的生意。用扁担挑着工具和材料在城里行商叫卖。什么样的木屐都可以换齿（更换鞋底）。

越是勤快的人木屐就磨得越快，懒汉可不需要我。

真暖和呀~

兽屋

也叫“百兽屋”“深山屋”，是提供兽肉火锅的店。最初是晚上摆出的小摊子，天保年间（1830-1844 年）开始作为专门的料理店经营。安政六年（1859 年）横滨港开港后，也开始能吃猪肉和牛肉了。

下马的贩子

在城中下马的地方或各府邸、寺庙前，以等待主人的随从（如中间、小者等）为顾客，卖食物和酒的人。

冬天，热乎乎的煮物非常好卖。中间等人穿的都很薄，如果不吃点喝点，实在是饥寒难耐。

来一杯！
好嘞，天儿可真冷呀。
酒

慳贪屋

直到江户初期，这都是荞麦面馆的俗称，主要指有店铺的荞麦面馆。江户中期以后，才开始出现提供荞麦面、乌冬面、米饭和酒，让客人尽情享用的店。有一种说法，因为除了荞麦面什么都没有，还不让加面，招待很简慢，所以就被评价为“慳贪”（刻薄）。

另外，送外卖的食盒，也被称作“慳贪”。

口中医者

虽然说是医者，其实是用街头卖艺中的“拔刀术”将虫牙拔掉的人。“用太刀的神奇技艺瞬间将牙拔掉！”这样自我吹嘘着。另外，制作假牙的手艺人也被这么称呼，他们都没有什么医学知识。

多多地吃，
多多地出好
粪哟！

肥取

指的是到府邸和大杂院收购粪尿的农民。同一时代的欧洲，人们的排泄物肆意扔弃在街道和城外，相比之下，对粪尿进行再利用的江户，卫生程度堪称无与伦比。然而，因为把这些撒到了田野里，江户郊外的农耕地周边臭气熏天。

拵屋

拵是对刀剑的鞘和柄的修饰。主要承接鞘和柄的装饰、修理、打磨等，也买卖刀。

安装刀一把二分
将弯刀柄打直三文目
磨刀七文目

碎木贩子

贩卖炉灶点火用的木头碎片的生意。收集大块锯末或将小木块儿劈薄，然后挑着去卖。还有一种涂上硫磺的薄木板叫“引火木条”，是类似火柴的东西。

板材师

这样就能切割出板子了。

也称作“大锯挽”（拉大锯的人），是使用大型锯加工木材的工匠。将高大的树木锯成平直的木板，需要相当的技术。板材师很看重锯的好坏，对锯齿的形状，研磨的方法也很讲究，所以不会让其他的工匠看锯齿。

真是好眼光呀！

小饰品店

写着“高丽物”，最初是经营从朝鲜进口的杂货的店，后来成了经营香粉、簪子、笄、梳子、发油、扎发髻的细绳等女性用品的杂货店。除了在店里经营，也有露天卖货的人。

捣米屋

有将稻米捣过之后再零售的“捣米屋”，还有滚动着臼，背着杵巡回于老主顾家，为叫住他的人家捣米的“沿街捣米人”。他们的工作都是将玄米捣成白米，老主顾也都是府邸或大商铺等，大米消耗量大的人家。

小心！
小心小心！

历卖

直到江户初期，作为正式历法的“宣命历”还没有传到地方上。各地仍在自行编制日历，也就是“地方历”，最著名的是关东的“三岛历”。正因为如此，由于地域不同、月份相异等，出现过大的差错。贞享元年（1684 年）涉川春海用新的计算法编制了“贞享历”，并成了幕府的天文官，从此以后全国便通用此历。

衣屋

缝制僧衣和袈裟的人，也称作“法衣师”。不仅是和尚和尼姑，作为遗孀进入佛门的富裕家庭的夫人，也会将高级的和服改制成法衣，并将故人的和服改成用来供奉的华盖，这些都要通过法衣师之手。

绀屋

也叫“黄屋”“紫屋”，指的是蓝染工匠。蓝染被称作“江户紫”，是江户的名产。因为那时没有橡胶手套，所以工匠的手都被染成了蓝色。

细见贩子

售卖新吉原游女一览的人。是详细记载青楼里艺伎等级的东西，每年更新两回。另外，记录武家的等级和家徽等的“武鉴”也被称作“细见”。

祭文语

吹着海螺，拿着锡杖，唱义大夫、净琉璃、浪花调等。祭文原是修行僧侣的祈祷，但这里是表演曲艺的，没有什么意义，吹海螺也只是做做样子。因为没什么声音，所以双手合十，以“戴劳兰（でろれん）、戴劳兰”的声音伴奏，故而被称作“戴劳兰左卫门”。从外地来江户的人游览时，会顺便欣赏这种表演。

肴卖

今天的竹荚鱼切丝醋拌很好吃哟！

和“鲣鱼商”同类的商人。将鲣鱼、鰤鱼、竹荚鱼、青花鱼、比目鱼、沙丁鱼和墨鱼等各种各样的新鲜鱼类现宰现卖。因为价格是时价，所以口才好的人和美男子能挣更多钱。

鱼贩子的天敌是天气。海上有暴风雨的时候捕获不到新鲜的鱼，就只能卖鱼干了。

左官

为仓库的墙壁、地面等抹灰泥的人叫左官。调制灰泥的人是被称作“灰泥师”的专业工匠。

卖酒人

这里指将酒装入桶里叫卖的人。比起江户，在京都更常见到这种生意。

街头抽奖人

也叫“宝引”，指的是在正月里颇受孩子们欢迎的线绳抽奖。如果中了奖，就会得到糖、双六、彩色的“浮世绘”版画等。安永年间（1772-1781 年）广为流行，后来奖品变得豪华，大人们都开始狂热起来，所以宽正改革（1787-1793 年）时被禁止了。

卖缗人

火消中间（卧烟）去各个店里推销他们作为副业制作的钱缗（串钱绳），一百根要一百文的手工钱。虽然没有人心甘情愿地去买，但那些中间甚是蛮横，所以也没法拒绝。将绳子穿入一文钱的孔，把九十六枚钱币串起来的钱缗，叫作百文缗。一串里就有四文的差额利润。

砂糖屋

白砂糖也叫“三盆”，药材铺里会卖。黑砂糖虽然自古就有，但在宽正年间（1789-1801年），纪伊和四国才开始生产和推广砂糖。上砂糖叫“唐三盆”，特别上等的纯白糖叫“雪白”“太白”。

黑砂糖一斤 一百～二百文
三盆一斤 二百～三百文

盐屋

卖盐的商铺。赤穗的盐很有名，但盐其实来自各个地方，是食品中最便宜的。盐铺将工具借给挑担商贩，让他们沿街叫卖。这就是“卖盐人”。

除此之外，还有“盐物商”，指那些卖腌渍后的干物等干货食品的人。

地形师

也叫“胴突”，指的是盖房子时打地基的工匠。搭一座高架，将被称作地形柱的大圆木吊起来落下去，通过敲打地基石使基础牢固。图中是日本桥大街的一部分。

当铺

以物品或土地、建筑物为抵押物，借钱给人们的金融业者。庶民大多以和服和工具作为当品（抵押物），借上一两百文。利息是每月四文，期限一般是三到八个月，土地则是十年。大杂院里的住户夏天将被子拿去当，秋天则拿蚊帐去替换当品，把当铺当成了大衣柜。这是因为，放到当铺的仓库里面，就不怕着火了。图中捆绑成十字的包裹就是当品，就这样放到仓库里面去。

在当铺借钱，身份是要清楚确定的，没有亲戚和担保人的签字是不会借的。所以，如果是捡到或偷到的东西，想换成钱并不是那么容易。特别是去当刀剑的人，有严格登记的义务。

卖蕨人

“蕨”就是青苔，做成蕨球和风铃等，一边响着清凉的乐声一边沿街售卖。这也是夏天独有的景致。

涩卖

沿街叫卖涩柿子浓缩液的商人。将这种东西抹到木头、布、纸上，可以作为防腐剂、防水剂来使用。“涩墨”是柿油和墨的混合物，涂在围墙和外壁上。所谓“涩卖”，有的是卖这种液体的人，还有油漆匠那样的人。

缔鸟屋

俗称鸡肉铺，经营的主要是“茶褐色的日本鸡”和“绿头家鸭”。八代将军吉宗时期，只允许十家店经营这项买卖。江户后期，庶民也开始喜欢鸡肉了。

四文屋

也叫“煮卖酒屋”“煮卖茶屋”，指能喝也能吃，什么餐食都是四文钱的露天居酒屋，在寺庙神社和广小路等人们集会的地方经常出现。

肥皂商

夏天一到，就出现在街市上。一边用苇子秆吹着肥皂泡，一边卖肥皂。江户后期特别受欢迎。

十九文店铺

虽然指的是将日用品等商品一律十九文一件来卖的街头摊贩，但实际上也有十八文一件的，还有十二文一件的，后来甚至流行过三十八文一件的店。不过即便如此，依然都被称作十九文店铺。

十七屋

町人雇佣的“送信者”的俗称。十七屋是关于月亮的“十七夜”的故事。阴历十七日夜晚的月亮别名“立待月”，寓意是“送出去的信，伫立盼望快些到达”。所以，在日本桥的濑户物町，就有了自称“十七屋孙平”的送信者。

菖蒲刀商人

文化年间（1804-1818年），端午节有这样一个风俗习惯：男孩子会收到用金银纸华丽包装的木刀作为礼物，这就是菖蒲刀。

锁匠

修锁和卖锁的人。锁头用于仓库和禁闭室、箱子、钱柜等，家门并不上锁。

酱油商

沿街叫卖酱油的人。在酱油出现之前，江户人以煎酒作为调味料。煎酒是在酒里放入咸梅干和高汤进行熬制的。因为很费工，价格很高，所以到了江户中期，作为替代品的酱油一出现，就迅速走进了千家万户。

定齐商

“定齐”是庶民在夏天广泛使用的祛暑药。商人们沿街叫卖，药箱子上的金属零件叮当作响。为了证明这种药对中暑很有效果，所以卖定齐药的人，在烈日当头的炎炎夏日也不戴遮阳帽。

白玉商

将红白色的糯米团子放入冷水中售卖，吃的时候会加一些白糖。这也是夏季的景致之一。

伸子屋

伸子，是将竹子劈成小细条，再安装上钩子。在布上作画的时候，或浆洗的时候，为了将布撑平整，人们就会使用这种竹扦。

西瓜切块儿

也叫“水果商人”。从江户中期开始，江户人人都能吃到西瓜，这种水果的人气也越来越高。

寿司商

卖寿司的商人。有的人扛着盒装寿司沿街叫卖，还有人在带棚的摊位现做现卖。寿司盒里装的是二十四个幼鰶寿司。带棚摊位是从天明年间（1781-1788年）开始流行的，后来变成了店铺。一枚寿司约八文，这可不算便宜。

卖炭人

也叫“称炭人”，是挑担卖炭的行当。从事这个行当的人，会从酒坊和木材铺集中购买一些草袋装的木炭，大杂院的庶民则是从卖炭人那里一次购买少量木炭。比炭便宜的是“炭团”——将粉炭团成球状的东西。最便宜的是来自制瓦铺，以燃烧的松木炭灰为原料的“灰炭”，这种炭灰非常不禁烧。

修理雪驮

雪驮是里面垫了皮革的草鞋，如果适时将里面的皮革换成新的，就会非常耐用。修雪驮的人挨家挨户招揽生意，在顾客家中进行更换和修理。

线香突

对制作线香的人的称呼。将调制好的沉香放入器具，然后挤出。像凉粉一样挤出来的细细的线香铺在板子上，干燥后就完成了。

洗衣人

大杂院女性打的零工，没有女眷的人家和寺院等地，会花钱请她们洗衣物。古时候衣物大多是麻等坚硬的布料，所以靠脚踩来洗，但到了江户时代，棉布普及起来，就用手来洗了。洗涤剂用的是无患子的皮、槐树果、碱水、淘米水等。

船头

船头和轿夫以及马夫不同，是作为手艺人备受尊重的职业。一竿、一橹，操纵船的技术是世袭的。图中是渡船的船夫，称作“渡守”（摆渡人）。在江户穿流如网的运河上，猪牙舟、屋顶船、屋形船、平田船、水船（运载饮用水的船）、汤船（江户时代的港湾、河川上，内部设计了浴槽，邀请客人入浴以收取费用的船）……各种各样的船只来来往往。

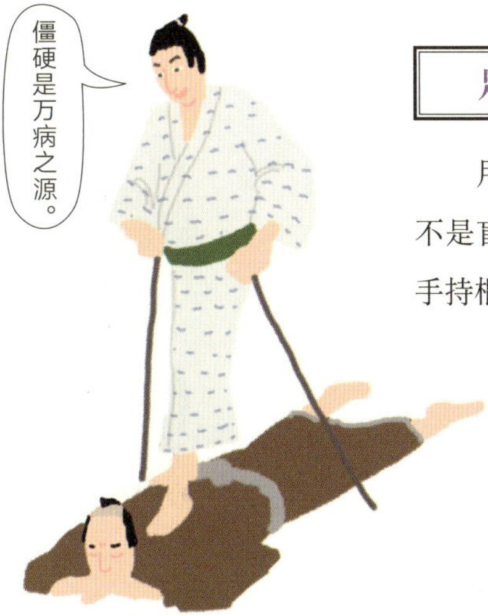

足力

用脚踩后背为人按摩的职业。并不是盲人按摩师，而属于灸疗师。双手持棍为其特征。

杣人

也就是樵夫。看起来在江户市内好像没什么用处，但不管怎么说，江户也是世界第一的庭园都市。面积达数千坪的府邸林立，庭院中草木繁多且茂盛。被雷电劈、被火烧、腐朽而倒……在很多情况下都需要对树木进行砍伐。

损料屋

就是我们今天说的租赁店。大杂院的庶民经常去租借蚊帐、被褥等季节用品。最大的主顾是青楼，因为要使用大量的寝具。当然，如果脏了或破损了，是要赔偿的。其他的还有宴会用的饭桌和餐具，从和服到佛坛等，一应俱全。

木匠

江户是火灾多发的城市，木匠的工作必不可少。虽然工匠是世袭制的，但也收徒弟，即使不是木匠的儿子，也可以作为徒弟学习技术，之后另立门户。一位木匠工作一天，工钱大概是六文目银子，换成钱差不多是四百文，薪酬很高。

说谁性子急啊？
再说一个试试！
看我不揍他一顿！

萝卜商

到了十一月的时候，练马的农家会把萝卜驮在马背上来卖。这种萝卜主要用于腌菜。

大福饼商人

大福是冬天吃的，在木箱里放上火盆，大福一直热乎乎的。一个大福，温暖了冻僵的手，吃暖了身体，就如名字一样，仿佛得到了大大的幸福。

热乎的大福饼~
一个四文
大福餅

建具师

建具指的是隔扇和纸拉门。江户陋巷里的大杂院的门是裙板纸拉门。没有窗户的大杂院，采光只能靠拉门，下半部分因为会沾上雨水，所以挡上木板。商家为了防盗，使用的是板门，正面的门被称作大门。如果歪斜了，拉门就不能用了，所以建具师是需要高技术的营生。

袜子铺

直到江户中期，短袜都是皮革制的。元禄年间（1688-1704年）开始有了布袜子，用别扣扣住的形式被广为使用。除此之外，袜子铺还制作细筒裤和肚兜。

卖蛋人

卖煮鸡蛋和家鸭蛋的生意，经常出现在吉原和冈场所（私娼院）等地。价钱意想不到的高，一枚二十文。

酒桶搬运工

也被称作“轻子”。船从都城（京都、大坂及广阔的近畿）开到江户，装卸这些酒桶的工人，即是轻子。装七十二升的四斗樽，一个人就能扛起来，相当有力气。每年从都城运来的酒有一百二十万桶，仅关东一带就有十六万桶要集中在江户。搬运工们主要是被出租游船的商家和廻船（大型商船，载重千石级）批发商雇佣的。

团子屋

街头卖江米团的摊子。在桌子或几案上烤江米团来卖。一开始是一串五个，卖五文钱，后来在四文钱面世后，就变成一串四个了。

呲溜呲溜打一打，
药葫芦全都不见啦~
您要是买的话一个六文~

茶筅商

茶筅是点抹茶茶汤用的一种工具。据说最早出售这种东西的人是京都的僧侣，所以，茶筅商人会穿那种用千鸟或鹰的羽毛挑染成的十德，以僧侣的打扮沿街叫卖。

仲条流

也读作“nakajouryuu”，是妇科医生的先驱。从仲条带刀到产科医生都这样称呼。

主要指的是处理堕胎的医生，多为女医生。医院有多个出入口，因为考虑到有些客人需要掩人耳目。顾客主要是富裕人家的夫人和小姐，以及在府里工作的御女中等。因为这种轻而易举的堕胎事件逐渐增多，天保十三年（1842 年）幕府对其实施了严格控制。

纸蝴蝶贩子

卖用和纸制作的蝴蝶玩具的生意。蝴蝶用细竹签插入像笔杆一样的竹筒，悠悠荡荡地摇晃着。

赁粉切

虽说是卖烟的，不过其实是挑着烟叶沿街叫卖。如果有人要，就在现场切成烟管用的细条，再卖给顾客。

柄卷师

卷刀柄的手艺人。刀柄以鲨鱼皮为底，在上面缠上绳子就可以了。男性随着身份不同，装束上规定得非常严格，特别是武士不允许奢侈，所以在刀柄的缠法、鲨鱼皮上凸起的珍珠颗粒的大小等小细节上，都有着严格的要求。

街头平话人

在大街上用芦苇席围一块地方，然后放上讲台，为大家讲解岩见重太郎和宫本武藏等战斗故事的人。因为是讲解，所以边讲边解说，中间还穿插一些粗俗的笑话。

街头八卦

指的是“街头占卜”。有各种各样的占卜方法，有像现在一样摆上桌子和方形纸罩座灯的，也有像图中那样把灯笼插在背后，边走边招揽顾客的。

手游屋

也叫“持游卖”，指的是卖手持玩具的人。“持游”二字前面加上“御”，就产生了“玩具”一词。

田乐屋

田乐，也就是大酱烤串，是一种将豆腐蘸上味噌烧烤而成的东西。有树芽、海胆、鸡蛋等各种各样的味道。江户时代的豆腐比起今天要更加劲道，甚至比糯米团子更有嚼劲。江户吃法是用一根扦子，蘸红味噌，京都则是两根扦子蘸白味噌。

天妇罗

也叫“胡麻扬”。和手握寿司一样，天妇罗也是产生于江户后期的食物，一开始是在带棚子的摊位上卖。京都的天妇罗炸的是鱼肉山芋饼，江户炸的是裹了面糊的白鱼、少鳞鱚、鲨鱼、海鳗、虾、贝、乌贼、章鱼等。都说“七分材料三分技术”，所以原料的新鲜度非常重要。

图中右边的母子穿着浴衣和木屐，应该是从澡堂回家的人。左边头戴毛巾的是个武士。

唐人饴

穿着唐人风服装，卖糖给孩子们的生意。吹着七孔喇叭吸引小孩子，如果有人买了糖，还会和人偶一起表演滑稽的舞蹈以致谢。跳得很无厘头。

灯芯商

卖灯笼等照明用具的灯芯。这种灯芯是用灯心草做成的白色纤维，或用棉线为材料制作的。

豆腐店

与白米、白萝卜并称“江户三白”的豆腐，是江户人喜爱之物。当时销售的豆腐的大小是现在的四倍，因为是浓缩凝固而成，所以吃上一块，肚子就饱了。最开始的时候，江户的豆腐加入了红叶的标识。和红叶一语双关，谐音为“买吧”。大多数老板会挑担沿街叫卖，而老板娘在店里卖。

十八五文

十八粒的药丸子卖五文的卖药人，卖的是文化文政年间（1804-1830年）流行的万能药。自我吹嘘能治百病，只是效果有好有坏，令人将信将疑。

研屋

磨刀剑的工匠。当然，顾客多是武士。使用大磨刀石，并非只要磨得锋利就好，还要磨出刀的个性。这种匠人被称作“研师”，挑担行商，也接磨切菜刀和剪子等日用品的生意。

心太商

凉粉喽～
粉喽～

心太，就是我们说的凉粉。总以为在江户是加醋、酱油来吃的，但其实有配黄豆粉、砂糖、辣椒、七味（由红辣椒、山椒粉、黑芝麻、青海苔、罂粟壳、陈皮、紫苏等七种调味料组成）等多种吃法。天保年间(1830-1844年)，并不只在夏天卖，春天也会出现。

换废铁嘞～
换废铁嘞～

废铁收购

用废铁换糖的生意。最早是为了制造寺院里的钟而化缘的行为，后来成了一种生意。

鸢

也称作“仕事师”，是对町火消们的称呼。在消防员头领的安排下，也从事建筑和土木、城市的装饰等工作。身穿宽大的格纹半缠，肩上搭条毛巾是其独具的特色。

接生婆

江户人称之为“取扬婆”和“洗母”。分娩采用仰卧式，脐带以陶器夹住，然后用竹剑来切断。

鸟屋

这里指的是“饲鸟店”，贩卖作为宠物的小鸟的店。鸡肉铺则被称作“缔鸟屋”。对鸟屋和缔鸟屋都有规定，在江户城中仅限十家。人们喜爱莺的叫声，它们的粪也被当作女性的美容材料，因此还有被称作“鸟粪商”的专门收购者。

卖菜人

江户近郊的农家，挑着担子沿街叫卖小松菜和酒肴小菜。

秧苗商

卖茄子、豆子等蔬菜的秧苗的生意。武家会在庭院里弄个菜园，所以有对秧苗的需求。

中卖

“中”指的是戏剧的休息时间，中卖是在戏棚子的休息时间里卖点心的人。盒子里装的是“编笠饼”，一种中间夹着白小豆馅的三色点心。

纳豆商

直到江户中期，纳豆都是冬天吃的食物，切碎的纳豆拌在菜和豆腐里，被称作“叩纳豆”，备受人们喜爱。叩纳豆要加上汁来吃。后来变成立夏的前十八天开始卖颗粒的纳豆。卖纳豆的小贩为了不让卖浅蜊的抢了先，天不亮就开始在街上叫卖了。

七香粉商人

七香粉是以辣椒为主料，将黑胡麻、陈皮、罂粟、麻子、花椒、青海苔、紫苏等的粉混合而成的调味料。这种商人背着纸糊的大红辣椒模型，沿街叫卖。雇用他们的是内藤新宿的名店八房等辣椒铺。

煮卖家

并不是卖菜肴的饭店，而是像居酒屋那样可以喝酒和吃小菜的饮食店。代替招牌，将鱼头和章鱼等吊挂在屋檐下的店比较多，所以女子不会靠近。

涂师

也被称作“涂物师”，是涂油漆的工匠。器皿、盆、碗这些东西都要涂上漆才算制作完成。“描金画师”等用漆来做装饰的工匠也是涂师的一种。因为混入一粒尘土便会功亏一篑，所以都在纸蚊帐里面工作。

家猫除蚤师

给家猫驱除跳蚤的生意。方法是为猫泡个热水澡，然后裹上毛皮，试图让跳蚤转移到舒服的毛皮上去。

鼠药商

扛着旗子，一副穷酸打扮，沿街叫卖灭鼠的药。灭鼠药使用了从银山采的砒霜，所以也称作“岩见银山”。

浆衣糊商人

卖拆洗衣物的时候使用的洗涤糊的人，基本上都是老太婆。原料是用煮软的大米熬制而成的，也称作“姬糊”。

炉灰收购人

收购炉灶里的灰的生意。这些灰集中到批发店，再卖给染色和制线业者。也能作为肥料回收再利用。

梯子商

扛着梯子卖的人。梯子卖不了那么多，所以生意并不是很好。

旅笼屋

也叫宿屋。在驿站，大名等高贵的人住在被称作“本阵”、极具排场的房子里,其家臣则住在“肋本阵”和“家老宿”里。虽然本阵只有高贵的人才能住，但是其他的地方，如果有空房间的话，庶民也可以住。

旅客在黎明前出发，日落前到达旅馆。到达后，先洗脚，然后泡澡，用餐，放松休息。餐食包括碟装的鱼，还有碗装的蛋和蔬菜料理等，汤和米饭是标配。住宿费一晚约一百五十文。没什么钱的人就住在被称作“木赁宿”的便宜旅店，价格就和只交了柴火钱差不多。这里不提供餐食和洗浴，价钱约三十文。

上面的浴盆（五佑卫门浴盆）

用餐（正式的日式宴席）

牙粉商

卖牙粉的生意。江户后期的小贩，带着被称作百眼的面具售卖牙粉，非常有人气。牙粉的材料是在细砂里掺入薄荷、盐等。

早桶屋

指的是“抬棺材的人”。也被称作“舆屋”“西方屋”，舆是搬运棺材的底座。丧礼上，两个人把棺材桶整体抬起，大概要花一分（一千文）。

针屋

沿街叫卖缝衣物的针。大多是下级武士作为副业而制作的，京都御簾屋的针因为品质好，非常受欢迎。面向不同职业、不同用途，针有着丰富的种类。府邸专职的裁缝师使用的针，都有专门的设计，即使发生缝进和服或丢失了的情况，也能迅速找到主人。

半襟屋

江户的女性非常热衷于时尚漂亮的半襟（和服里面贴身穿的短衬衣领子上，为装饰或防止弄脏而缝制的第二层衣领）。虽然三井越后屋等也会裁开布料零卖，但半襟屋会出售专用型号、且有各式各样花纹的布料。

打火镰商人

打火镰上面安有打火石，是能让火花飞溅的工具。它的制造源于宽政年间（1789-1801年），是一位名叫隆的女锻造师的发明。

稗莳商

“稗莳”是一种庭院盆景。稗子的芽被当成绿油油的田野，上面摆上农舍、鹤、稻草人的模型等装饰品，是初夏的景致。

佛师屋

雕刻佛像的工匠。雕刻一尺（约三十厘米）以上的大佛像的工匠被称作“大佛师”，雕刻一尺以下佛像的被称作“小佛师”，徒弟则叫“削师”。雕刻佛像的僧侣也称为“佛师”。

船宿

“小船停泊处”的意思，并不是客栈。船宿大多在猪牙舟和屋形船等船只的待客地，船夫能在等待客人的空闲喝上一杯，还可以在房间里点菜，所以也被当成密会的地方。在江户中期以后，去往吉原的猪牙舟非常流行，也出现了高级的船宿，以迎合那些讲排场、有身份的人。这些店的店主多为由艺伎上位的小妾。

麸屋

制作和售卖面筋的人。在大桶里放上小麦粉和水，然后踩踏、踩踏，反复踩踏来制作。

古着屋

在神田的柳原河堤和浅草等地，旧衣铺一家连着一家。因为布的价格很贵，大杂院的庶民买的衣服基本上都是古着（旧衣服）。古着也叫“古手”“正宗”，店家是被称作“床店”的小铺子。和一般的店不同，店主并不住在店里，而是每天从家里来到店里，再开门营业。

红屋

制作口红的化妆品店。“寒红”是在寒冬的丑日拿出来卖的，可以说是一年中品质最好的口红。用红花制作而成，薄薄地抹在小碟子或贝壳上卖。

扫帚商

卖棕榈扫帚的人。可以以旧换新，旧的会当作刷子的材料再利用。卖扫帚的人中，也有中间当成副业，制作扫帚强买强卖的情况。

放生屋

售卖用于放生的乌龟、鳗鱼幼苗、小鸟等的生意。买来生物再放生，可以增添功德，是利用这一佛教教义来做生意的。图中是“卖放生鸟”的行商，卖的是麻雀。管理桥的桥官卖的龟放生以后，有的会在夜里回来，有的不会回来……

棒屋

制作门卫等职业使用的“六尺棒”和“短棒”,以及壮工使用的“息杖”等。材料是橡树、黄杨、山桐之类，一边用火烤，一边将其矫正到笔直。

焙烙商

也叫“卖素烧陶器的人”，售卖素烧的平底容器或瓦锅等。用于炒茶和银杏，或烧烤食物等。

描金画师

“涂师”是在漆好的器皿、箱子、家具、马具等上面，用金粉或银粉绘制图案的手艺人，为了不沾染尘埃在纸蚊帐中工作。

卖柴人

卖炉灶使用的柴木的生意。江户时代的都市，没有因为消耗燃料而采伐森林，大自然也因此得到保护，纵观全世界也算是善待地球的都市。

曲物屋

也叫“桧物师”。将杉木或桧木（柏木）的薄板弯成桶状，再钉上樱树或桦树的皮作为装饰，制作成便当盒、盆、桶、柜子、饭桶，以及三方（佛具，一种带座的方木盘）等。

缠师

制作消防员挥舞的队旗的匠人。缠是在桐木木板上贴和纸，再涂上有耐火性的白胡粉制作而成的。缠上缀的马簾（飘带状的长穗）并非用来装饰，而是为了保护持旗的旗手不被飞溅的火星伤及。

回发结

到府邸和大店家，上门为顾客梳理发型的生意。按照包月合同，从早上开始一整天都为这一家的男性梳理发型。从早上梳妆打扮的时间就开始工作，一般在一个地方要梳十个人的头发。因为一整天都在客人家里工作，所以顾客也管饭，这种情况被称作“鄂付”。

万岁

也叫“三河万岁”。正月里挨家挨户奏乐唱歌，以此挣钱的营生，起源于三河。围绕着商家和府邸兜揽生意。戴着乌帽子，穿着大纹的太夫，和被称作才藏，装傻逗乐的捧哏，两个人和着鼓点演唱新春的祝词和黄段子，博人一笑。

酒壶饰纸商人

售卖供奉于神龛的酒壶上的装饰的人。这种装饰是将和纸染成金色做成的，在腊月的时候行商叫卖。

冰水来喽~冰水来喽~
一杯四文

卖水人

也叫“卖冰水的人”，卖的是井水和砂糖水。在很难得到冰的时代，作为炎热夏天里的生意，冰水的效果可想而知。另外也有和糯米粉团、凉粉一起卖的。

水果商人

“点心”一词，最早指的是水果。被称作水果的是桃、梨、西瓜等富含水分，在炎热的季节里美味无比的水果。“卖切块西瓜”也是一种水果商人。

水茶屋

也被称作“并茶屋”（排成排的茶屋），是设在寺庙神社的院内和路旁，用芦苇席围成的茶屋。只在晴朗的白天营业，也不卖酒，生意兴隆的秘诀是吸引客人的美丽姑娘。为了一睹姑娘的芳容而来店里的客人很多，除了向心仪的姑娘支付四文的茶钱外，还有一百文的小费，或是赠送用昂贵衣料制作的围裙等。江户后期，在市内有两万多家水茶屋，兴盛一时。

掏耳人

江户前期，为人清除耳垢的职业。打扮成唐人或荷兰人风格，在城市里边走边寻找客人。

麦汤店

“水茶屋”的一种，卖大麦茶的店。江户后期，大家都成了夜猫子，特别是闷热的夏夜，人们喜欢去川原等地纳凉。这正是以在夏天的晚上步行的人们为目标的生意。

虫商人

卖秋天的昆虫的生意。从六月开始到盂兰盆节前夕，除了蟋蟀、松虫，还卖萤火虫、玉虫、秋蝉等，放入精致的笼子里销售。

眼镜商

销售少年、中年和老年人用的三种眼镜。以旧换新，然后进行修理。镜片是用玻璃或水晶制作的。戴眼镜的方式有两种，用绳子挂在耳朵上，或者夹住鬓角。江户后期，近视眼用的眼镜也已经出现了。

要把自己的心情融入进去。

女笔指南

教女子读书写字的“指南所”(教习室)。传授女性化书信的写法和如何写文章。老师也是女性。

我也要鲷鱼烧！

文字烧商人

江户名物，现代文字烧（面粉糊和各种食材混合后，浇在烧热的铁板上烤制而成)的起源。在乌冬粉里加入蜜，用水溶解后，再用长把杓子舀起来，细细地流到铁板上烤。乌龟和鲷鱼形状的文字烧非常有人气。

捋元结

“元结”是绑发辫的纸绳，和赠答礼品时用的印有礼签、礼绳的封筒上的花纸绳一样，是用和纸做的。颜色是白色或黑色。

棉布商

被称作“高荷木棉卖”（背着很高的包裹卖棉布的人），是兴盛于江户中期的生意。出售的是漂白的布。背着小型多屉柜，上面高高地摞着棉布料，边走边卖。高度据说足有七尺到一丈（约 2.1~3 米）。因为进入府邸的时候要走小便门，所以非常不方便。

烤地瓜商人

在素烧的瓦锅上蒸地瓜，然后售卖，江户后期开始流行起来。招牌上写着“八里半”“十三里”等,是将栗的读音换成“九里”（日语“栗”和“九里”读音相同），意为“可以和栗子相媲美”，以及“比栗子还要美味”（13=9+4），是谐音双关的趣谜。像这样解谜真是既风雅又有趣。什么都一目了然，其实也并非一定就好。

烧继师

修理陶瓷日用品的工匠。用玻璃和铅混合而成的白玉粉作为黏着剂，将破裂的餐具重新粘合，然后再重新烧制，就可以修理完成。高级餐具则是用金和漆修补的，这种方法称作“金继”（用漆来粘接，接缝用金、银，或白金的粉涂撒装饰）。餐具的价格非常高，一旦打坏就要被呵斥。这个职业简直是那些冒失鬼的救世主。

汤屋

也就是“公共澡堂”。直到江户中期基本上都是混浴，穿着浴衣和汤文字（贴身裙）、兜裆布入浴。江户后期就开始男女分浴了，还有女性专用的浴室。但是柴火费和水费很高，所以除了女性较多的城市，其他地区不一定有男女浴池之分，还是实行混浴或把时间日期错开使用。澡堂的二楼成了男性放松休闲的地方，可以喝茶，吃点简餐。

如果遇到大火或灾害发生，受灾的人和参与救灾修复的人可以免费使用。

杨枝屋

也叫“五倍子”店。五倍子是用来染黑牙齿的染料。杨枝就是牙刷，另外还卖牙膏粉。在浅草排列着许多售货摊，摊主大多是女性，非常受欢迎。

罗宇屋

也读作“らうや”，指烟管最中间的管子。罗宇屋从事的是修理、清理以及交换烟管的生意。背着材料挨家挨户叫卖。江户人喜欢吸烟，无论男女都一样。

钱庄

兑换金、银的生意称作“本两替”，主要用于商品的结算，也收集包金银（江户时代上缴幕府或公务交易使用的金银货币，以特定制式的纸包装、封印），还经营票据和纸币。由于向武家借出的大额贷款经常收不回来，所以在江户后期逐渐趋于没落。

“胁两替”指兑换金银和钱币的店，是庶民日常使用的。也有在桥头等地方露天经营的人。

江户三火消

『火灾和打架是江户的浮华』，通过这样的说法，可见江户是个火灾频繁的都市。每天不知哪儿就着火了，每年都会发生一两次连烧数十个街区的大火，所以幕府成立了各种消防组织来应对。仅组织的名字就有『奉书火消』『所所火消』『方角火消』『增火消』『近所火消』『八丁火消』『定火消』『十人火消』『各自火消』『町火消』『店火消』『驱付火消』『桥火消』等，五花八门。我们要介绍的是被称为『江户三火消』的『町火消』『定火消』和『大名火消』。

图中画的主要是『缠』（各消防组织标志性的旗子）和『火消装束』，还有名字相近的『火事装束』。后者不是消防员的衣装，而是大名和家人们避难时穿的服装。为了引人注目，制作得非常艳丽。

火消

江户以火灾多发而著称，若说起灭火的方法……用桶打水，大家都跑向大火……并非如此，其实是无计可施。唯一能做的，只是将起火的房子周围的建筑物破坏掉，把易燃的东西都挪走，以免大火蔓延而已。这叫作“破坏消防”。

赶到火灾现场的消防头领，看准风向和火势，判断“什么方位的房子会受到多大程度的破坏”，并选定“消防口”（消防队着手救火的地方）。就在这里扑灭火灾！于是在此处举起缠。町火消是最早上阵的该街区的消防组织，之后其他街区的消防员才会赶来。先来的旗手让开地方，前来支援的消防组的旗手就会陆续上来。庶民看到这些，就像吃了定心丸。虽然一直说各组要保持良好关系，但有时也会为争夺在消防口的位置而打起来。火熄灭之后，在消防队旗被举起的地方，就会装上写有组名的“消防牌”。消防牌代表组的名誉，也可以据此得到褒赏。

居民们也很不容易，在下风口的人家不得不带着家产和工具逃离。消防员根据消防警钟得知起火地点的大概距离。还有在危险将近时跑到各处通报火情的人，在地图上预测大火蔓延趋势的涂红瓦版印刷品也非常畅销。没有危险的街区的人们，据此确认认识的人和有来往的店有没有受灾。一旦发现有危险，就要跑去帮助他们避难。火灾停息后，在寺院或避难所，有对居民实施的救济。

另外，从“伊吕波四十八组”来看，使用了“い”和“ゐ”、“え”和“ゑ”、“お”和“を”等文字。虽然到了镰仓时代“（每一对的两个假名）发音没了区别”“（后者）仅用于消防组的组名”等，可是不管怎样，江户人都觉得应该清楚地加以区别，否则在救火现场就会发生混乱。

町火消和灭火工具

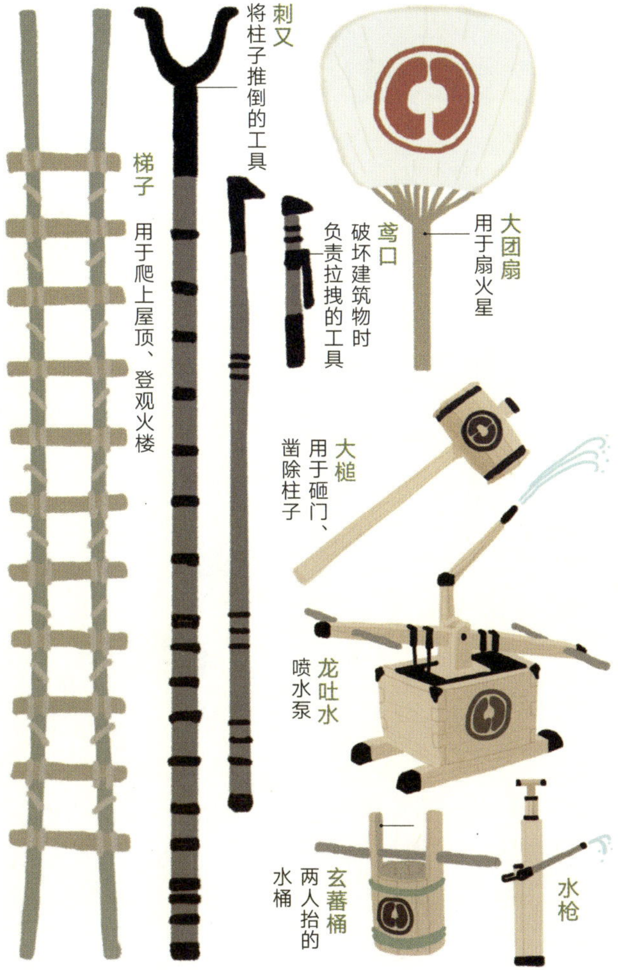

明历大火造成了巨大损失之后，享保三年（1718 年）大冈越前守忠相创立了庶民的消防组织“町火消”。起初是伊吕波四十七组，后来增加了本组，成了四十八组，再加上大川（隅田川）的向河岸、本所、深川的十六组，总共六十四组。下一页是嘉永四年（1851 年）时的配置图。

这些灭火工具是在所有的消防组织中通用的。“龙吐水”据说是平贺源内发明的喷水泵，但并不是用于灭火，而是用于防止火灾蔓延，以及向消防员身上淋水。

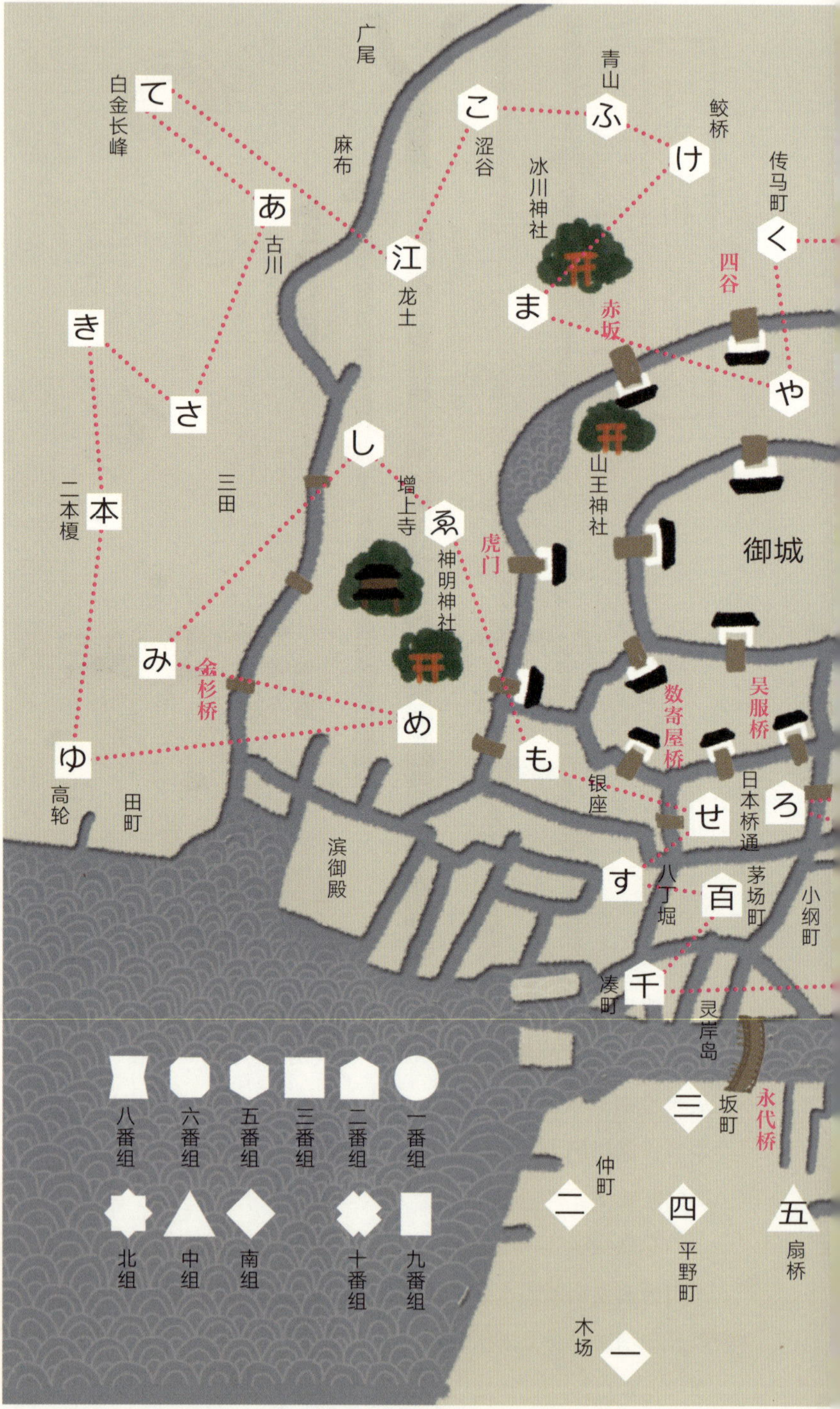
广尾
白金长峰
て
青山
こ
ふ
鲛桥
け
麻布
涩谷
冰川神社
传马町
あ
古川
江
龙土
く
四谷
ま
赤坂
き
さ
や
山王神社
し
增上寺
三田
二本榎
本
ゑ
神明神社
虎门
御城
み
金杉桥
め
ゆ
数寄屋桥
吴服桥
も
高轮
田町
银座
せ
日本桥通
ろ
滨御殿
す
八丁堀
百
茅场町
小网町
凑町
千
灵岸岛
三
坂町
永代桥
仲町
二
四
五
平野町
扇桥
木场
一
八番组
六番组
五番组
三番组
二番组
一番组
北组
中组
南组
十番组
九番组

町火消配置图

※四番组和七番组空缺。由于『ら』会和裸、『へ』能跟屁产生联想，而『ひ』的发音江户人不会，所以也没有。

町火消六十四组

一番组

い组

本町、本石町、室町、小田原町、本银町、本两替町、本材木町、本舟町、骏河町、濑户物町、伊势町、安针町、万町、青物町、通一丁目、吴服町、岩付町、西川岸町。

人足数（小工数）：四百九十六人

一番组・主管人半缠

一番组・头领半缠 各组的镜白大纹加方框 各组相同

一番组・持工具人半缠：方框和竖道。各组相同

缠：芥菜籽和枡（谐音为消します：灭火）

组头半缠：芥菜籽和枡相连

人足半缠：瓦片相连

よ组

镰仓町、永富町、锻冶町、竖大工町、白壁町、须田町、锅町、绀屋町、小柳町、平永町、三河町。

人足数：七百二十人

缠：田字三方

组头半缠：田字相连

人足半缠：大田字

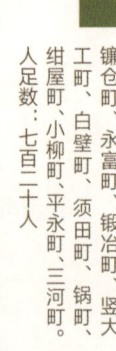

は组

大传马町、亀井町、难波町、堺町、小纲町、小船町、油町、堀江町、小传马町、铁炮町、高砂町、富泽町、长谷川町。
人足数：五百九十二人

に组

通盐町、横山町、马喰町、村松町、橘町、米泽笼町、丰岛町、久右卫町、桥本町、吉川町、柳原町、同朋町。
人足数：三百九十人

万组

原饭田町边、等五町。
人足数：四十八人

二番组

二番组・主管人半缠

二番组・头领半缠：
各组组徽加二算筹纹 各组相同

ろ组

元大工町、佐内町、平松町、上槙町、下槙町、箔屋町、新右卫门町。
人足数：二百四十九人

二番组・持工具人半缠：
二算筹纹
各组相同

缠：钩形加三面将棋

组头半缠：
二算筹纹

人足半缠：
龟壳相连纹

せ组

炭町、南槙町、南大工町、铃木町边、大锯町、南传马町边、五郎兵卫町、桶町。
人足数：二百八十一人

缠：斗笠配三面将棋

组头半缠：
二算筹纹

人足半缠：
瓦连纹

も组

南绀屋町边、银座町边、三十间堀边、丸屋町边、数寄屋町、西绀屋町。
人足数：一百零八人

め组

樱田久保町、兼房町、二叶町、源助町、露月町、神明町、增上寺中门前边、滨松町、芝口边。
人足数：二百二十九人

す组

南小田原町边、舟松町、本凑町边、木挽町边、南八丁堀边。
人足数：一百五十九人

百组

南茅场町、南八丁堀、东八丁堀、日比谷、龟岛町、神田涂师町。
人足数：一百四十一人

千组

箱崎町、南新堀町、北新堀町、南银町、东凑町、灵岸岛边。
人足数：一百九十七人

三番组

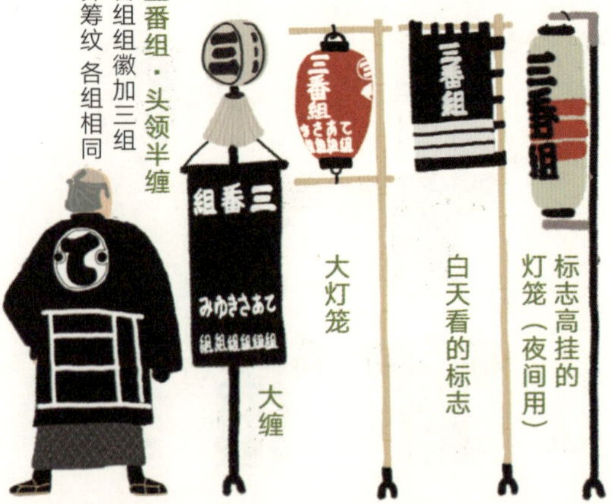

标志高挂的灯笼（夜间用）

白天看的标志

大灯笼

大缠

三番组・头领半缠
各组组徽加三组
算筹纹 各组相同

て组

白金台一到十一丁目、永丰町边、目黑边、寺社门前共。
人足数：一百一十七人

三番组・持工具
人半缠：
三组算筹纹
各组相同

缠：秤砣和钉拔交错

组头半缠：
三组算筹纹

人足半缠：
秤砣与钉拔
交错连续纹

あ组

芝田町、久保町边、麻生古川町、一本松町、木村本町、龙土町。
人足数：一百一十七人

缠：芥菜籽加三面蛇眼纹

组头半缠：
三组算筹纹

人足半缠：
松皮菱雪

さ组

芝松本町、增上寺边、新细町、三田台町、三田丰冈町、上高轮町、功连寺前共。
人足数：二百零四人

き组

白金猿町边、妙玄院门前、品川台町、其他寺院门前。
人足数：六十五人

ゆ组

芝车町、下高轮町、泉岳寺、大佛两门前。
人足数：五十五人

み组

芝金山町边、田町边、本芝町边、增上寺门前、安乐寺门前、西应寺町 人足数：一百二十四人

本组

承教寺、广岳院、相福寺、上行寺、朗惺寺、黄梅院到二本榎寺社门前十一处寺院。
人足数：二十五人

五番组

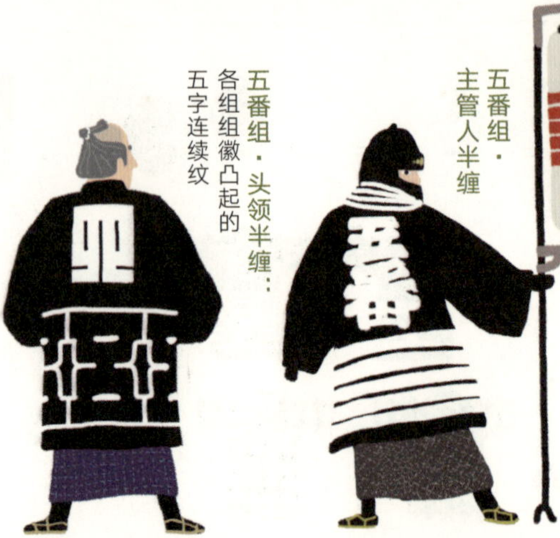

五番组·主管人半缠

五番组·头领半缠：各组组徽凸起的五字连续纹

く组

四谷传马町边、麹町十一丁目到十三丁目、市谷本村町边。人足数：一百八十七人

五番组·持工具人半缠：鼓五字连续纹 各组相同

缠：四（四谷）字和三面将棋

组头半缠：行枷里写有『く』字

人足半缠：全身『く』字纹

や组

半藏门外、麹町边、麹町三丁目里、谷町边、平河町边。人足数：一百一十七人

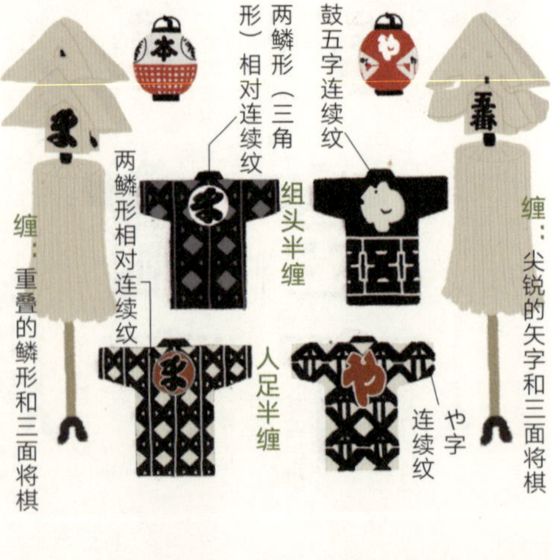

缠：尖锐的矢字和三面将棋

鼓五字连续纹

や字连续纹

两鳞形（三角形）相对连续纹

组头半缠

人足半缠

两鳞形相对连续纹

缠：重叠的鳞形和三面将棋

ま组

赤坂传马町、赤坂新町、麻布今井町。人足数：二百八十五人

け组

元鲛桥边、鲛桥谷町边、四谷仲町边。
人足数：一百一十一人

ふ组

青山御手大工町边、青山御手浅河町边、青山御手久保町边。
人足数：一百人

こ组

麻生宫益町、涩谷道玄坂边、涩谷广尾边。
人足数：三十五人

江组

麻布龙土町边、饭仓六本木边、本村町、樱田町边。
人足数：一百四十四人

し组

麻生市兵卫町、谷町边、饭仓町边、今井町边、永坂町、麻布新细町边、寺社门前。
人足数：一百三十二人

ゑ组

西久保町、新下谷町边、葺手町边、富山町、青松寺门前。
人足数：二百二十六人

六番组

な组

小石川、春日町边、小石川传通院门前边。

人足数：二百七十二人

む组

小石川御箪笥町、小日向清水谷町、大塚町、三轩町、茗荷谷、金杉町、寺社门前。

人足数：九十三人

六番组・主管人半缠：菱六（菱形六字）

六番组・头领半缠：各组组徽和菱六

六番组・持工具人半缠：菱六连续纹 各组相同

缠：芥菜籽和交错的蛇目

组头半缠：交错的粗轮连续纹

人足半缠：交错的粗轮连续纹

缠：芥菜籽、两枚蛇目和将棋

组头半缠：切糕基石纹

人足半缠：切糕基石纹

う组

牛込改代町、关口水道町、关口筑土片町、音羽町边、小日向水道町、八幡坂町、牛込水道町、马场先片町。

人足数：一百三十人

ゐ组

市谷田町边、河原町、牛込肴町、払方町、御纳户町、津久户町、寺社前。

人足数：二百四十人

の组

牛込天神町、榎町、早稻田、马场下町、供养塚、弁才天、寺社门前。

人足数：一百三十六人

お组

市谷町边、牛込原町边、寺社门前。

人足数：一百一十八人

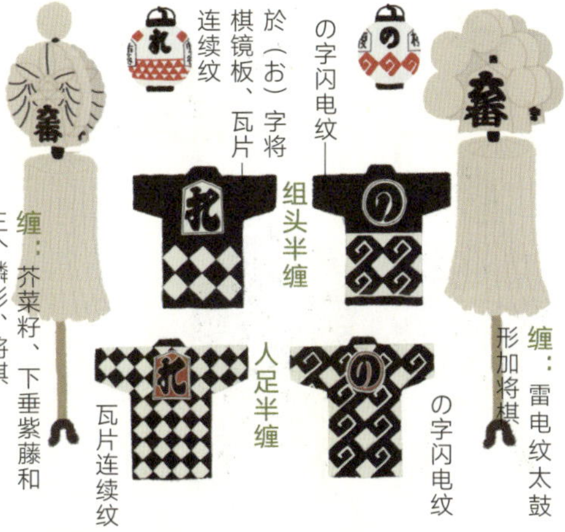

八番组

八番组・主管人半缠：角八字

八番组・头领半缠：各组组徽、角八字相连

八番组・持工具人半缠：角八字连续纹 各组相同

ほ组缠：三面钉拔

ほ组

浅草平右卫门町、茅町边、旅笼町、森田町、猿屋町、天王町、瓦町、元鸟越町边、寺社门前。人足数：一百零三人

组头半缠：角八字连续纹

人足半缠：等分的角八字连续纹

わ组

汤岛天神下町、池之端中町、黑门町、大门町、下谷长者町、上野町、下谷町。人足数：三百二十人

か组

佐久间町边、汤岛町边、旅笼町边、汤岛天神门前町、佐久间町明地的内侧。人足数：三百三十三人

た组

春木町、本乡一到六丁目。菊坂町、小石川片町、元町、竹町、本乡金助町、古庵屋敷。人足数：二百四十三人

九番组

九番组・主管人半缠：角九字连续纹

持梯子人半缠：角九字连续纹 各组相同

现在也可以在新年消防演习中看到爬梯子，爬梯子是为了确认火灾发生地，梯子是临时的观火台。

九番组・头领半缠：各组组徽、角九字连续纹

九番组・持工具人半缠：角九字连续纹 各组相同

れ组缠：三面是厚轮子，写有『大』字

れ组

谷中感应寺门前町边、谷中町、千驮木町边、千驮木片町、三崎町、宫永町、池之端七轩町。

人足数：二百二十五人

人足半缠：粗线轮里写有『大』字连续纹

组头半缠：角九字连续纹

そ组

驹込片町、追分町、丸山新町、白山前町、指谷町、南片町、寺社门前。

人足数：一百三十六人

组头半缠：角九字连续纹

人足半缠：菱形基石纹

缠：三面缠头带子、石臼形、将棋

つ组

驹込浅嘉町、染井七轩町、染井千驮木町、染井片町、染井富士前町、肴町、寺社门前。

人足数：一百零九人

缠：三面毗沙门剑

人足半缠：毗沙门剑连续纹

人足半缠：菱形基石格纹

ね组

巢鸭町、七轩町、大原町、原町边、火之番町、中町、御驾笼町、寺社门前。

人足数：一百二十六人

缠：三面『寸』字、将棋

组头半缠：角九字连续纹

人足半缠：寸字连续纹

十番组

十番组·主管人半缠：角十字连续纹

十番组·头领半缠：各组组徽和角十字连续纹

と组

浅草三轩町、黑船町、田园町边、福川町、三间町。人足数：二百一十三人

十番组·持工具人半缠：角十字连续纹 各组相同

缠：交错的蛇目

组头半缠：角十字连续纹

人足半缠：交错蛇目连续纹

ち组

花川户町、六轩町、山宿町、山川町、圣天町、瓦町、田町、南马道町。人足数：一百二十一人

缠：三面是蛇目，连接着『一』字

组头半缠：角十字连续纹

人足半缠：蛇目和『一』字连续纹

り组

新鸟越町、浅草町、三谷町、今户町、桥马町、东禅寺、心光院门前、不动院门前。

人足数：七十八人

ぬ组

下谷通新町、龙泉寺町、上野领町、三轮町、下谷金杉町。

人足数：七十五人

缠：三面是天狗形羽毛团扇
日向凹角方形和天狗羽毛团扇连续纹
日向凹角方形连续纹
缠：三面是十字、秤砣、『る』字

る组

下谷车坂町、山崎分町、御切手町、御箪笥町、御具足町、山伏町、坂本町、金杉上野町。

人足数：一百五十五人

を组

阿部川町、浅留町、六轩町、大工屋敷町、辻番屋敷町、下谷小岛町。

人足数：二百八十九人

缠：三面是芥菜籽、八边形内写有『を』字

南组

南组・头领半缠：
钉拔连续纹

一组

木场町、元加贺町边、石岛町边、茂森町边等二十一町。
人足数：二十五人

南组・持工具人半缠：
钉拔连续纹
各组相同

缠：三面蛇目配三鳞形

组头半缠：
白色边框的『南』字

人足半缠：
红底『南』字、
钉拔连续纹

二组

黑河町边、永代门前町边、入舟町、宫川町边等十町。
人足数：一百零九人

缠：两算筹上
三面写『南』字

组头半缠：
白色边框的
『蛤』字

人足半缠：
两算筹、
钉拔连续纹

三组

佐贺町边、熊井町边、西永代町边、一宫町边等二十二町。
人足数：一百六十三人。

组头半缠：三方框算筹连接纹

人足半缠：三算筹、钉拔连续纹

缠：三面是泽泻叶形

四组

材木町边、万年町边、平野町边、海边大工町边等二十三町。
人足数：一百一十六人。

缠：四面为锚状

组头半缠：白色边框的『四』字

人足半缠：红底『四』字、钉拔连续纹

六组

海边大工町、海边里町边、清住町边、灵岸岛门前町等四町。
人足数：五十五人。

人足半缠：红底『六』字、钉拔连续纹

组头半缠：白色边框的『南』字，方框六字连续纹

缠：三面『大』字

中组

中组·头领半缠

五组

宫川町边、扇桥町边、猿江代地边等八町。
人足数：四十二人

七组

深川元町边、六间堀町边、森下町边、御舟蔵前町、桥富町、八幡御旅所町等七町。
人足数：七十四人

八组

德右卫门町边、菊川町边、松井町边、林边町等十六町。
人足数：一百人

九组

猿江町边、大岛町、大岛里町、东町等四町。
人足数：三十五人

十组

本所柳原町边、茅场町边等九町。
人足数：五十人

十六组

北松代町边、五桥町边、古元町边等七町。
人足数：五十人

北组

北组・头领半缠

十一组

尾上町边、绿町边、元町边、松坂町、龟泽町等十六町。

人足数：一百零五人

十二组

绿町、花町边、三笠町、吉田町边、吉冈町边等十八町。

人足数：一百四十八人

十二组：龟甲交错连续纹

十三组：有棱角的方形交错十字相连

十四组：有棱角的方形交错十字相连

十五组：锁形分解纹

十一组：有棱角的方形交错十字相连

缠：福包

组头半缠：边框有棱角的『北』字交叠连续纹

人足半缠：钉拔连续纹

缠：纸捻和圆形笼

组头半缠：边框有棱角的『北』字交叠连续纹

人足半缠：龟甲交错连续纹

十三组

石原町边、荒井町边、中之乡町边、番场町边等九町。
人足数：九十五人

缠：棒成镞（山茶状箭头）

组头半缠：角『北』字相叠连续纹

人足半缠：十字基石纹

十四组

中乡元町、小梅代地边、松仓町边、瓦町边等十四町。
人足数：五十一人

人足半缠：凹角方形相叠连续纹

组头半缠：边框凹角方形相叠连续纹

缠：云板

十五组

龟户町边、出村町边、深川代地等九町。
人足数：六十人

组头半缠：边框角形『北』字连续纹

人足半缠：锁形分解纹

缠：变形锁配将棋

定火消

由旗本任命的在火消府集中居住的消防组织。宝永九年（1704 年）成立十个组，被称作“十人火消”。各组配有与力六骑、同心三十人，另有雇佣自武家次子、三子或庶民的卧烟（火消中间），总数大约两百人。随着町火消的不断活跃，定火消渐渐缩减，到幕末时期仅剩一个组。

里面是金色的白阵笠
御史番（里金）：第一个奔赴现场收集受灾情况的人

室贺兵库

七千石・火枪组。守备：四谷御门内

内藤外记

五千五百石・弓箭组。守备：骏河台

小笠原大膳

五千石・弓箭组。守备：赤坂御门外

坪内惣兵卫

五千五百石・火枪组。守备：饭田町

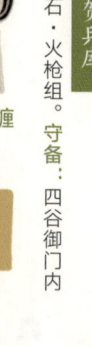

武田刑部

五千七百石・火枪组。守备：小川町

皆川左京

五千石・火枪组。守备：八代洲河岸

近藤宫内

四千五百石・火枪组。守备：麹町御门外

大久保宗三郎

五千石・弓箭组。守备：市谷佐内坂

久世四郎

五千石・火枪组。守备：御茶水

齐藤赖母

五千石・火枪组。守备：赤坂溜池

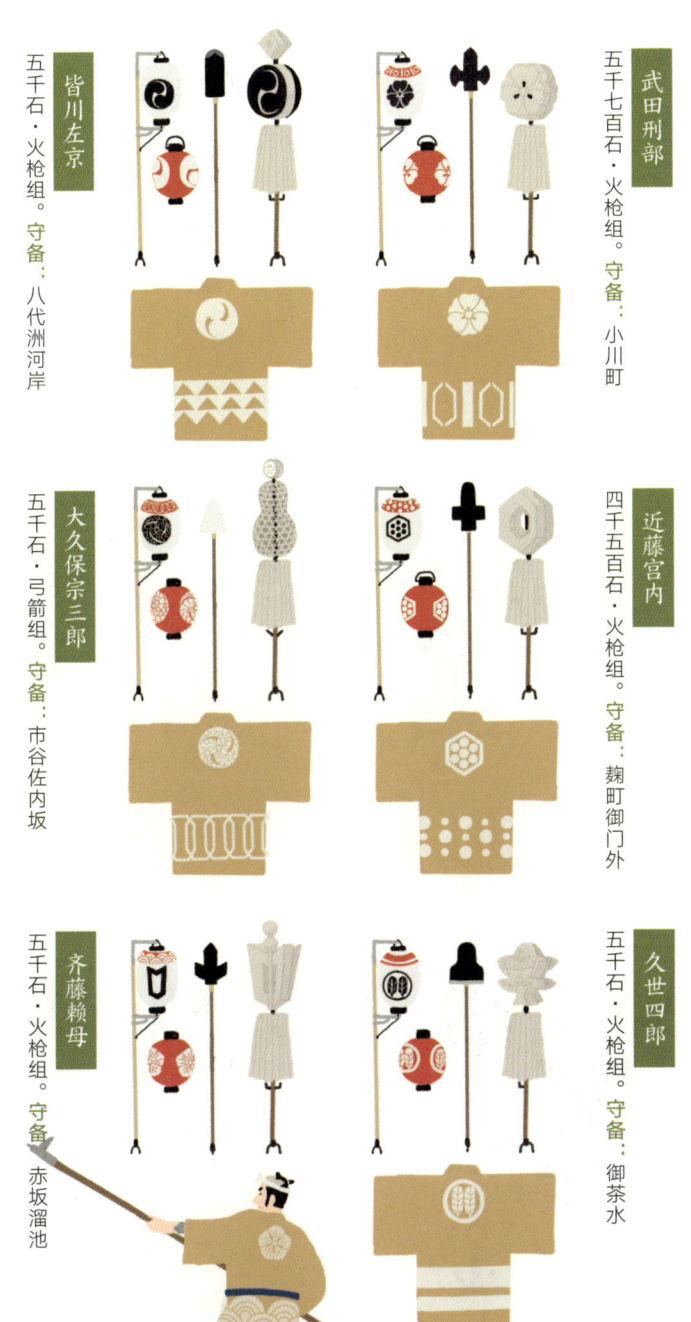

大名火消

诸位大名组织的消防组织，负责府邸及其周边的消防。这里介绍的是负责加贺藩（以“加贺鸢”闻名）、享宝年间（1716-1736 年）的江户城、幕府设施，以及寺院等地消防的御役所附属的大名火消。

加贺金泽藩

一百零二万两千七百石

越后高田藩

榊原式部大辅・十五万石。守备：本丸

下总佐仓藩

堀田相模守・十一万石。守备：西之丸

常州笠间藩

牧野越中守・八万石。守备：红叶山

丹波笹山藩

青山伯耆守・六万石。守备：吹上御上览所

越后与坂藩

井伊伯耆守・两万石。

守备：吹上

上野宇都宫藩

户田越前守・七万八千石。

守备：二之丸

江州膳所藩

本多主膳正・六万石。

守备：三之丸

土佐高知藩

松平土佐守・二十四万五千石。

守备：浅草御蔵

奥州弘前藩

津轻出羽守・十万石。

守备：本所御米蔵、猿江材木蔵

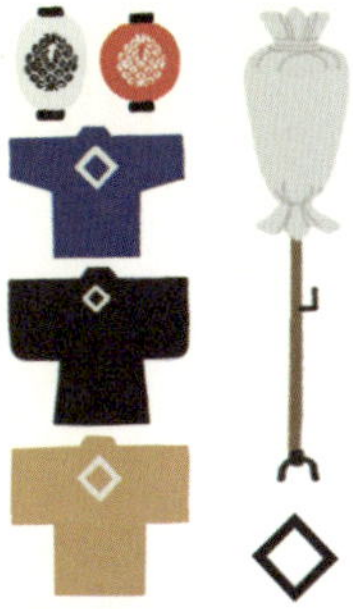

安芸广岛藩

松平安芸守・四十二万六千石。

守备：上野・宽永寺

筑后久留米藩

有马中务大辅・二十一万石

守备：芝・增上寺

浓州高富藩

本庄大和守・一万石。

守备：小石川・汤岛圣堂

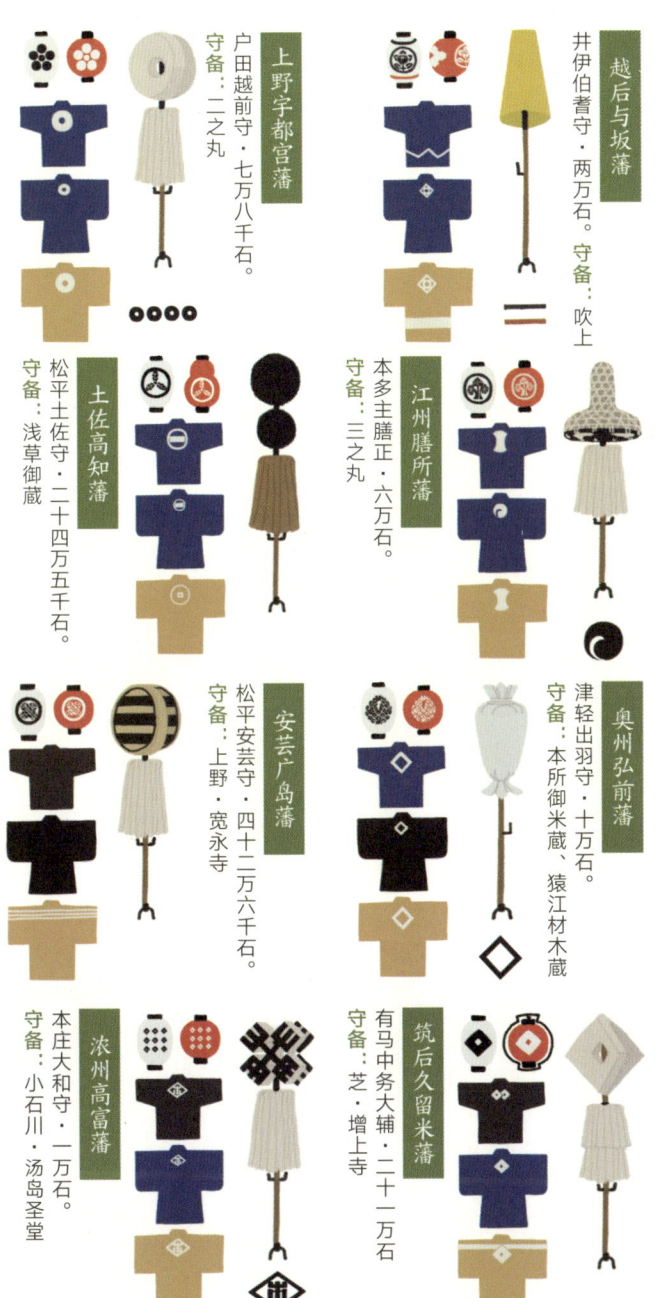

异国

这里的介绍取自描绘外国人样子的《世界民族图谱》，介绍江户人眼中的外国人。这些信息是荷兰人传到日本的，因此可以认为，书中介绍的国家都属于荷兰的贸易范围，远到中亚、东南亚、非洲、南美、北美和更广阔的地域。外国人的姿态不仅限于这本书，其他的书籍和世界地图、甚至小孩子的升官图中也有类似的介绍。这些书籍以各种各样的形式出版发行，可见大家对此都非常感兴趣。

朱印船贸易航路

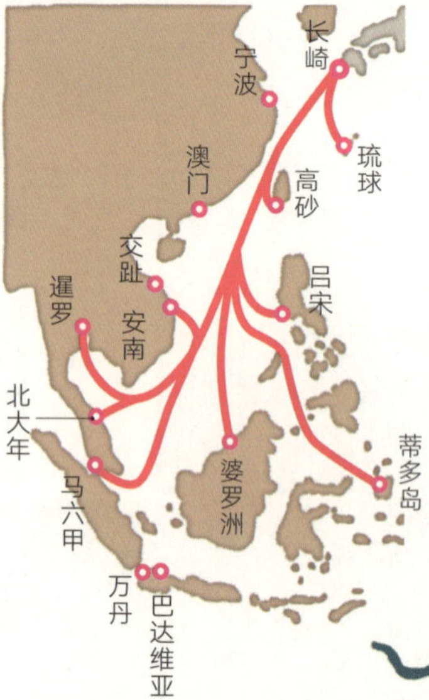

异国

江户时代实行锁国政策，但在岛原之乱以前，幕府对贸易其实非常热心。除了和中国、朝鲜、琉球、阿伊努，还从长崎派出朱印船，与安南（越南中部）、澳门、马尼拉、柬埔寨、暹罗等地进行贸易。日本和欧洲在同一时期迎来了大航海时代，肯定拥有航海和造船技术。

锁国的主要原因，是天主教反政府思想的流行引起了统治者的警觉。“神”比天皇和将军还要至高无上的信仰，会让幕府的政治和“太平盛世”毁于一旦。因为当时欧洲正处于宗教战争和女巫审判的黑暗时代，所以也无法对此提出干涉。

图中是进港的荷兰船。进入锁国时代，宣称“不进行传教活动”“不是天主教徒”的荷兰人，获得了与日本的贸易权。其他欧洲诸国，对其发出了“背叛神明，纯属惟利是图之辈”的诘责。但当时的荷兰，尽管在长达八十年的战争后从西班牙独立，并一时成为强国，然而自十七世纪后半期开始，国力就逐渐衰退了。对这样一个走下坡路的国家来说，能够独占和日本的贸易，实在非常幸运。

荷兰人将日本的和服、漆器、陶器等带回去，并以高价卖给临近诸国。当时，欧洲的上流阶级，吃饭还用木制器具，并用手抓着吃。从东洋礼节优雅的国家输入的餐具，成为富裕阶层向往之物，据说对卫生观念和用餐礼仪的进步，带来了巨大的影响。

外国人

这是江户初期制作的《世界民族图谱》的一部分。虽说锁国，但当时的人们对外国其实非常感兴趣。这些信息是抵达长崎港的荷兰人带来的。

画中描绘的是富裕阶层的男女，“意大利人”的女性朴实可靠、拿着像擀面杖一样的东西，非常有意思。其中还有“小矮人”什么的，这可不是开玩笑，当时欧洲人深信，在世界的某个角落有小人国。

亚美尼亚人

非洲人

意大利人

英吉利人

小矮人

荷兰人

爪哇人

暹罗人

土耳其人

西班牙人

波斯人

巴西人

蒙古人（印度人）

葡萄牙人

俄罗斯人

吕宋人

朝鲜人

清国人

明国人

长人

鞑靼人

“波斯人”是现在的伊朗人，“明国”和“清国”都是指中国人。“吕宋人”虽是菲律宾人，但当时菲律宾的管理者，是西班牙人。“长人”的脸是亚洲人风格，但好像是住在非洲的身材高大的民族。“鞑靼人”才是真正的蒙古人。

参考文献

本书在编写中参考了以下书籍：

《江户三火消图鉴》东京消防厅·江户火消研究会
《江户经商图绘》三谷一马 中公文库
《江户职人歌合》古书
《江户职人图聚》三谷一马 中公文库
《江户的和服与衣生活》丸山信彦 小学馆
《江户的生活图鉴》笹间良彦 柏书房
《江户之花》歌川广重 古书
《江户的生计图鉴》渡边信一郎 东京堂出版
《江户的梦之岛》伊藤好一 吉川弘文馆
《江户见闻录》江户文化历史检定协会 小学馆
《江户藩邸物语～从战场到街角～》氏家幹人 中公新书
《江户名所图绘》古书
《读江户名所图绘 / 读江户名所图绘续》川田寿 东京堂出版
《大江户尸体考》氏家幹人 平凡社新书
《甲子夜话 松浦静山》平凡社东洋文库
《述记六万石的职人们》岩本由辉 刀水书房
《从老照片看江户到东京》铃木理生、小泽健志 世界文化社
《照片看幕末·明治》小泽健志 世界文化社
《职人绘尽》海北友雪 古书
《职人尽发句合》古书
《人伦训蒙图汇》平凡社东洋文库
《从工具看江户的生活》前川久太郎 鹈鹕社

《刀剑鉴定的基础知识》芝田和夫 雄山阁出版

《德川的国家设计》水本邦彦 小学馆

《内藤清和高远内藤家展》新宿博物馆

《日本女装变迁史》上田定绪 装道出版局

《日本的近世⑰东和西 江户和京都》青木美智男 中央公论社

《诽风种瓢》古书

《广重和浮世绘风景画》大久保纯一 东京大学出版会

《缠》柳宗理 芸草堂

《都市风俗化妆传》佐山半七丸 平凡社

《看·读·调查 江户时代年表》山本博文 小学馆

《守贞漫稿》平凡社东洋文库

《和汉三才图会》平凡社东洋文库

协助单位：东京消防厅 消防防灾资料中心 消防博物馆

图书在版编目（CIP）数据

江户一日 /（日）善养寺进文图；日本江户人文研究会编；袁秀敏译. -- 北京：北京联合出版公司，2018.10

ISBN 978-7-5596-2401-7

Ⅰ. ①江… Ⅱ. ①善… ②日… ③袁… Ⅲ. ①日本－中世纪史－江户时代－通俗读物 Ⅳ. ①K313.360.9

中国版本图书馆 CIP 数据核字（2018）第 172017 号

著作权合同登记图字：01－2018－5146

江户一日

作　　者：[日]善养寺进 文/图
日本江户人文研究会 编
袁秀敏 译
责任编辑：熊　娟
特邀编辑：李文彬
封面设计：陈绮清
版式设计：田晓波

北京联合出版公司出版
（北京市西城区德外大街83号楼9层　100088）
新经典发行有限公司发行
电话（010）68423599　邮箱 editor@readinglife.com
山东鸿君杰文化发展有限公司印刷　新华书店经销
字数56千字　880毫米×1230毫米　1/32　7印张
2018年10月第1版　2018年10月第1次印刷
ISBN 978-7-5596-2401-7
定价：49.50元